ELENA PONIATOWSKA
TODO MEXICO
TOMO II

EDITORIAL DIANA
MEXICO

1a. Edición, Diciembre de 1993
2a. Impresión, Febrero de 1995

Diseño de portada: Doris Guraieb

ISBN 968-13-2608-3

DERECHOS RESERVADOS © — Copyright © 1993 por Editorial Diana
S.A. de C.V. — Roberto Gayol 1219, México D.F., C.P. 03100

IMPRESO EN MÉXICO — PRINTED IN MEXICO

Agradezco a *Luis Enrique Ramírez* su apoyo y el haber recopilado la mayoría de los datos biográficos de los entrevistados. A *Juan A. Ascencio, Fausto Rosales, Carlos Valdés*, diseñador, *Jorge A. Lavadores*, formador, *Teresa Barajas*, capturista, viñetas de *Rini Templeton* y caricaturas de *Ernesto* El Chango *García Cabral*. A *Lola Alvarez Bravo, Bambi, Lourdes Grobet, Nacho López, Vicente Rojo, Gabriel Figueroa, Alexander Liberman, Sergei Eisenstein, MGM, La Jornada, Novedades, El Universal*, por haberme dado acceso a sus archivos fotográficos.

CONTENIDO

DOLORES DEL RIO

CAMINA EN PASOS DE BAILE

¡Sonrió! Entró rápidamente al escenario con su capa flotante y nos sonrió. Una sonrisa blanca, sana, joven; una sonrisa en la que relampaguea toda su vida; hay luz en sus dientes, y una sonrisa de agua limpia, de mar, con velas y sal y yodo y barcos que aguardan. ¡Dios mío! Qué hermosa mujer y qué hermoso su apego a la vida, su diario heroísmo de proyectos, inquietudes, sueños nuevos. Dolores del Río no mira hacia atrás, no corre el peligro de convertirse en estatua de sal. Al contrario, nos hace pensar en una carabela que sale al mar, erguida, todas sus velas desplegadas... Al terminar *Mi querido embustero*, con Ignacio López Tarso, hará una película, después vendrá la Navidad, luego 1967, y adelante, adelante. Hoy, sin embargo, le pido a Dolores que recuerde, que vaya atrás, atrás, atrás.

CARRETELA, MOÑOS, DULCES DE LECHE

—Nací en Durango en una casita típica mexicana de patio, macetas, muchas macetas, todas alrededor en barandal.

Aquí en *La Escondida* ¡siguen las macetas en mi vida! Asómate al jardín y las verás.

María Idalia, periodista y actriz que convivió cinco meses con Dolores trabajando en una obra de teatro, nos describe *La Escondida*: "...tiene un corredor de macetas que ella cuida personalmente, y en donde predominan las flores de cactus; cerca, en floreros sobre el suelo, las gardenias o las pencas de las yucas del jardín; Dolores dice que las flores blancas de las yucas se comen; se machacan, se muelen y se hacen unas tortitas como las de papa. Una verdadera delicia. ¡Y lo sabe tan poca gente...! Por supuesto, ella no concibe una casa sin perros; siempre ha estado rodeada de ellos y actualmente tiene una french-poodle que es su compañera inseparable: *Mirruña*."

—Mis primeros años —continúa diciéndome Dolores—, son los de aquél patio entre las macetas, con un perro y una huerta de cielo. Ibamos a la huerta, fuera de la ciudad, y veía yo crecer las verduras —¡con qué sorpresa sacaba yo las zanahorias del interior de la tierra!— Me trepaba a los árboles, sí, sí, yo fui de las que se trepan a los árboles frutales; y recuerdo que cuando me metía a los surcos de habas, éstas me tapaban por completo. ¡Eran tan altas! Hoy todavía siembro habas aquí en *La Escondida*, pero nunca han vuelto a crecer como entonces. Huelen bonito. ¡Mira, huélelas!

—Así que le gustan mucho las hortalizas.

—Sí, cómo no. Me encanta ir a los mercados, acercarme a los puestos para comprar verduras con las que luego formo grandes centros de mesa para el comedor.

De pronto, guarda silencio mientras sonríe al influjo del recuerdo. Luego, añade:

—También teníamos una carretela con dos caballos que eran la envidia de todos mis primos. Yo me subía a la carroza y me sentía como una princesa. Mi mamá iba en la parte de atrás y yo la acompañaba a la iglesia, a hacer visitas, a la costurera. Me llenaba de moños y de fondos superpuestos. ¡Cómo me gustaban los regalos de lazos, pulseras, aretes! Las amigas de mi madre me daban dulces de leche mientras ellas tomaban té. Mi papá era el gerente del banco de Durango y más tarde fue su presidente. Hizo la carrera desde mero abajo, desde recaderito, hasta llegar a presidente. Se llamaba Jesús Asúnsolo y era de los Asúnsolo de Chihuahua. Llegó a Durango a los dieciocho años y ahí se casó con mamá, Antonia López Negrete. María Idalia me ha contado también que en la infancia de Lolita las muñecas tuvieron una importancia relevante. Dolores decía que para ella no significaban la expresión de su instinto maternal, sino que las veía como actores, personajes que representaban escenas que ella les inventaba. El arte teatral empezaba a despertar en el alma de la niña. ("Desde que me acuerdo de mí, data mi vocación de actriz, traducida en cómo me miraba ante el espejo, me sonreía o me hacía muecas, estudiándome. En esos momentos, ¡ya estaba actuando!").

EL ULTIMO TREN

—Vivimos en Durango hasta que vino la Revolución. Entonces salimos corriendo, muy de madrugada con otros señores importantes de Durango, porque al grito de "¡Ahí viene Pancho Villa!", todos huían. Contaban que Villa metía a la cárcel a todos aquellos que tuvieran que ver con el banco y que ¡nadie volvía a verlos! Mi mamá arregló el bastimento para mi padre, que atravesó la Sierra Madre y se fue a los Estados Unidos. Nosotros tomamos el último tren de Durango a la ciudad de México. Entonces vi a las soldaderas con su rebozo cruzado, a los soldados con su sombrero de anchas alas, las cananas, los rifles, el parque, los caballos. En las estaciones me encontré, a cada parada, a los Emilio Fernández, a los Pedro Armendáriz de bigotes y calzón de manta, con quienes más tarde habría yo de filmar *María Candelaria, Flor Silvestre* y tantas películas de la Revolución.

—Pero ya desde el otro lado, del lado de los revolucionarios, porque los Asúnsolo eran muy catrines.

—Bueno, nosotros pertenecíamos a aquellas familias adineradas que tuvieron grandes haciendas. Por ejemplo, los dueños de la hacienda de Santa Lucía eran los López Negrete. Hoy en día, parte de la hacienda —porque el resto se quemó—, es una escuela gubernamental. Nosotros vimos cómo a todos nuestros amigos les quitaban sus casas para hacerlas propiedad del gobierno.

—¿Y eso le parece mal?

—¡No! —se ríe—. Hoy me han nombrado hija adoptiva, que diga, hija predilecta de Durango y me entregaron esa presea en uno de los edificios que perteneció a mi familia y que ahora es del gobierno. En esa casa nuestra, el gobernador y el presidente me dieron la medalla y yo sentí mucho orgullo.

—¿No hubiera preferido que la casa siguiera siendo suya?

—¿Para qué la quiero? ¡Así está bien!

YEGUA FINA

—Vivimos en la calle de Berlín, en la colonia Juárez. Mi mamá me envió al Colegio Francés de San Cosme, dirigido por unas monjas que vinieron de Tours a fundar escuelas francesas en Buenos Aires y en México. Me enseñaron el francés, me dieron un gran amor por Francia y todavía ahora tengo que hacer mis cuentas en francés porque si no, no me salen. Cuando llegué al San Cosme no sabía ni papa de francés. Quería yo mucho, pero mucho, a una señorita Torres que no era monja y venía especialmente al colegio para darnos clases de español. ¡Me caía mejor que todo el resto del colegio! ¿Que si fui feliz? No sé... Yo era muy callada y muy tímida y siempre procuraba que nadie me viera. Tenía yo una sola trenza muy gruesa, negra, que me caía en la espalda pero quería lucir los caireles rubios y redondos llamados "inglesas" de mis compañeras.

—Pero, ¿qué es lo que le interesaba?

—Ahora verás... Dentro de mi timidez, me gustaba mucho el baile. Me contó mamá que antes de que supiera caminar, di pasos de baile. Me detenía yo de algo, de una mesa, de una silla, y ya a los dos años la música para mí era movimiento, yo era ritmo. Llegó a México una muy famosa maestra de baile: Felipa López. La recuerdo como una mujer muy vieja, así como veía yo las habas muy altas; pero los niños ven viejos a los de veinte años, así que Felipa debió ser joven. Para mí, el evento más importante de mi vida era cuando Felipa venía a mi casa. Tenía yo entonces ocho años y Felipa López me enseñó a interpretar toda clase de bailes. ¡Ya a los quince años bailaba yo muy bien: tocaba las castañuelas, etc., y mi repertorio de baile español era muy extenso! Después fui descartando jotas, sevillanas, zapateados, porque me entró una verdadera pasión por bailar lo que yo sentía dentro. Un día, pusieron una música de Falla, y les dije a los presentes: "Ahora, les voy a contar una historia pero bailando"; di vueltas, cabriolas, brincos, piruetas, y eché para afuera —en una especie de catarsis— todo lo que para mí significaba esta música. ¡En el baile logré expresarme con una libertad absoluta! Mamá me llevó a ver a Antonia Mercé, *la argentina*, y fue tan grande el impacto de su baile interpretativo, que me quedé como pasmada. Yo era feliz cuando bailaba y cuando no bailaba volvía a ser tímida.

AMISTAD CON ADMIRACION

—Yo tenía quince años y fuera de mi casa nadie se molestaba en hablarme. Un día, en una fiesta, estaba yo sola en un rincón y Bichette Amor vino a platicarme. Fue mi primera amiga. Yo quería ser como ella porque parecía una muchacha muy segura de sí misma, opinaba de todo y tenía un gran sentido crítico. Siempre llevaba el pelo revuelto y yo, con mi trenza, caminaba aprisa pegada a las paredes para que no me vieran. Además, esa trenza tardaba en lavarse más de una hora porque había que tallar una cantidad enorme de pelo. Para mí era un suplicio. Bichette, en cambio, tenía el pelo corto, al aire, libre como ella misma. También bailaba —creo que Scheherezada—, y eso teníamos en común. Yo la admiraba. A mí me encanta la amistad con admiración.

—¿Necesita usted admirar a la gente que quiere?

—Absolutamente. Una vez Bichette me pidió que la acompañara yo a un ensayo, y ahí estaba Mame Romero de Terreros, el

Marqués de San Francisco, que preparaba una fiesta de caridad. Después del ensayo me preguntaron:

—Dolores, ¿quieres bailar?

—No.

—El baile era en beneficio de un asilo de ancianos o de cancerosos no sé de qué, pero doña Barbarita Martínez del Río le pidió permiso a mi mamá para que yo fuera: "Van chicas muy decentes". El baile iba a ser en el edificio de Relaciones Exteriores, que ahora está hecho polvo. Mamá dijo que sí. Bailé allí con Bichette y después en el Teatro Iris, donde participé en una función de caridad o algo así. Creo que era el "Peer Gynt" de Grieg, no, no, el "Solveig Song"... Me arrodillé y me escondí detrás de un sillón y al último momento improvisé el baile. Nunca me gustaron los bailes impuestos. Después bailé con el resto de las muchachas y nos pusieron a todas una pasta blanca como cal en la cara; parecía pigmento de blanquear zapatos. Bailábamos la Fifis Brannif, Tita Buch, Amelita Martínez del Río, Bichette Amor y yo, y ninguna tenía la menor gracia, salvo Bichette y yo. ¡Las demás eran unos verdaderos patos que daban unas zancadas que casi las hacían caerse del escenario! Y luego, con esa pasta de Pierrot en la cara...

PASTEL DE CHOCOLATE

Dolores se sirve una gran rebanada de pastel de chocolate al mismo tiempo que me dice:

—Me choca la gente que no tiene ilusiones de nada. Quiero a los que desean lograr algo, no me gustan los pazguatos, me siento infeliz con alguien que todo lo acepta y nada le importa. Me desespera el *ni modo* tan mexicano, el *mañana*, y el *a ver qué pasa* y la vulgar expresión *me viene guango*. Al contrario de lo que piensa Luis Buñuel para mí el sentimiento es un valor en sí, no sabría definir lo cursi, quizá sea el fracaso del buen gusto porque en sí misma la palabra no tiene sentido, sí quizás un sentido chocante.

Dolores del Río sigue comiendo su pastel de chocolate a medida que habla. ¡Qué pedazo más grande para una artista de cine! Además cuando se sirvió hizo lo que generalmente hacen los niños, robarse un poco de la capa de chocolate del pedazo siguiente. Todo eso necesita una explicación.

—¿No hace usted dieta?

—Sí naturalmente.

—¡Ah qué chispas! ¿Y quién le recomendó semejante dieta?

—Una señora que hace pasteles de chocolate —ríe—. En verdad, no crea, nunca he hecho una dieta en mi vida. No, no es pose. Como todo lo que se me antoja y todo lo que se considera que no es bueno para el cutis. Como mole, quesos franceses apestosos, dulces pesados. Soy comelona, me encanta comer y lo hago. Tengo un metabolismo privilegiado.

Se han dicho muchas cosas de los métodos de belleza de Dolores del Río. Algunos afirman que se alimenta con pétalos de gardenia, se pone en la cara cataplasmas de miel, usa cremas y ungüentos traídos de Persia y Pakistán, que duerme dieciséis horas diarias ¿es cierto?

—¿Cómo va a ser posible? Ningún ser humano puede dormir tanto cuando el día solamente tiene veinticuatro. Bastante dormiremos en el cielo para ponernos a dormir sobre la Tierra. Yo duermo ocho horas, tomo mi desayuno a las nueve y cuando trabajo me levanto a las cuatro, cinco de la mañana como los lecheros o los repartidores de periódicos. Cuando me desvelo, desayuno a las diez. Tampoco me pongo esas cremas costosísimas traídas del lejano oriente. Nuestro cutis está hecho de adentro para afuera; quiero decir con eso que todo depende de la buena salud. Si estamos bien de salud interiormente esto se refleja en nuestra cara. Tengo la fortuna de mi estupenda salud.

SABER REIR, SABER DORMIR

Hay hombres y mujeres que la vida engarruña y empequeñece. No pueden con ella y se arrinconan. Se van enjutando, endureciendo como nueces. Dolores del Río ha domado la vida y ha sabido vivirla. Es uno de sus grandes triunfos. De ahí también la expresión serena de su mirada, su energía, su asombrosa vitalidad. Porque Dolores del Río sabe vivir, y sabe reírse, y sabe dormir —nueve horas al día—, comer —de todo, hasta pastel de chocolate— y estarse sola en su cuarto. Decía Pascal: "Toda la desgracia de los hombres proviene de una sola cosa: la de no saber permanecer en reposo, en un cuarto". Dolores el Río es la disciplina misma, y todos los días, todas las mañanas, al levantarse, cosecha a cielo abierto lo que ella ha sembrado: los árboles de su casa, las enredaderas, el silencio que retoña. Las manos de Dolores del Río están llenas de flores, y creo que hasta le han salido flores en la cabeza. Y si no, que lo digan todas aquellas personas que fueron a felicitarla a su camerino, y para quienes ella tenía palabras de agradecimiento, de ternura, de alegría.

JAIME

—Después me tocó bailar de pareja con un joven: Jaime Martínez del Río. Bailamos "Pierrot y Colombina". Luego bailaron Bichette y Jaime y chiflaron a Jaime.

Ese día, Lolita Asúnsolo bailó un paso doble. Los decorados y los trajes eran de Roberto Montenegro. Dolores tenía un vestido de lunares blanco y rojo y un mantón que manejaba muy bien. ¡El teatro se vino abajo ante esa muchacha preciosa de una gracia infinita! Y entre bambalinas, un muchacho, con los ojos dilatados por la emoción, la veía improvisar, abrir sus brazos, inclinar su cuello fino bajo los plausos.

—Salí de nuevo al escenario y bailé "Espectros". Hubo más aplausos y Jaime me descubrió. No más era un puro ver y ver.

UN BAILE NARRATIVO

—Y usted, desde pequeña ¿quiso ser una estrella de cine?

—¡Ay, Elenita! ¿Cómo? ¡Si era la época del cine mudo! además, yo era una muchacha llena de prejuicios, de terrores.

Lo que sí quería hacer era una carrera de bailarina. Pero no de zapateados. No es que fuera floja, quería interpretar mis propios bailes con una pequeña historia. ¡Quería "actuar" mis bailes! Recuerdo haber inventado uno con una rosa, todo un cuentito que yo bailaba acerca de una rosa.

—Pero, ¿no le gustaba exhibirse?

—¡Me fascinaba bailar! Una vez Jaime, que dizque leía la mano, me dijo después de un riguroso examen de todas las líneas: "No te veo carrera artística", y me sentí muy decepcionada.

—En la escuela de San Cosme, seguí bailando, pero Jaime y yo nos hicimos novios. Salí de la escuela una semana antes de terminar para casarme con Jaime Martínez del Río. Nos fuimos de luna de miel a Europa, a Francia, a España, a Inglaterra. Jaime tenía amigos en todas partes. Educado en Stoneyhurst, hablaba un inglés perfecto. Recitaba obras enteras de Shakespeare. De España nos trajimos un criado: Félix, y un coche. ¡Eramos tontísimos! Félix resultó un poco menos tonto que nosotros. De regreso a México, como los Martínez del Río tenían haciendas, nos fuimos a vivir a un rancho algodonero, "Las Cruces", ¡y no vimos casi a nadie! Caminaba yo por el campo, hablaba con la gente, me acordaba de los sembradíos de habas. Jaime era un hombre de una gran sensibilidad artística; pintaba, tocaba el piano, tenía mucho *charme*, no era un hombre de negocios. ¡Creo que era más bien un hombre del siglo XIX! No había nacido para el trabajo de los ranchos. Ese ambiente no era para él y en el campo mexicano se encontraba como un pescado fuera del agua. Continuamente añoraba Europa y a sus amigos; en España, a los duques de Medinaceli, a los Montellano, a Jimmy Alba —el duque de Alba—, a Charley Béistegui, a Beatriz Iturbe. ¡Todos le organizaban fiestas, comidas, cenas y le hacían un ambiente muy bonito! Claro que el ambiente del rancho era algo fúnebre y Jaime perdió toda su fortuna, con gran sorpresa de su parte, porque me dijo antes de que saliéramos a "Las Cruces": "En el rancho vamos a ganar muchos, muchos millones". ¡Y hasta lo iban a asesinar! Así que en un abrir y cerrar de ojos, recién casados, nos encontramos sin nada. Después de abandonar "Las Cruces", nos quedamos completamente en la calle. Entonces fue cuando cayó la proposición de Hollywood.

ANTES DEL PRIMER SUICIDIO

—Un día, Adolfo Best Maugard —siempre han sido señores muy grandes lo que me descubrieron y me impulsaron: Mame Romero de Terreros, Adolfo Best Maugard, Jorge Enciso, Roberto Montenegro, Salvador Novo—, nos invitó a su casa porque iba a estar un productor de Hollywood, Edwin Carewe. Yo no hablaba ni una palabra de inglés. Me pidieron que bailara, y así lo hice. Al día siguiente vinieron a mi casa a tomar té Edwin Carewe y Adolfo Best, y otra vez me pusieron a bailar. ¡Jaime tocaba el piano! Se trataba de que Carewe conociera un hogar mexicano, fíjate nomás.

—¡Y la señora del hogar baila que te baila!

—Bailé Falla, Albéniz y, sobre todo, "interpretativo", y entonces Carewe me dijo que yo era el Rodolfo Valentino femenino, ¡fíjate qué ocurrencia!, y no sé cuántas cosas más. Adolfo Best Maugard tradujo todos sus comentarios, y a mí sólo me dio risa. Insistió Carewe: "Si alguna vez quiere usted ir a Hollywood yo la convertiré en una gran estrella". Y al día siguiente me envió un gigantesco ramo de flores. A mí me dio gusto que el productor me hubiera tomado en cuenta, pero no le presté mucha atención, aunque sí me sentí muy halagada, y a Jaime le encantaba que me florearan. Después, Edwin Carewe nos escribió a Jaime y a mí renovando sus proposiciones, y unos meses más tarde mandó un libreto con un papel para mí. Nosotros nos encontrábamos en unas circunstancias muy distintas a las de cuando nos casamos. ¡Si esta oferta llega en otro momento de nuestra vida, no la hubiéramos aceptado!, pero el propio Jaime me llevó a Hollywood.

—Pero, ¿cómo es posible que Jaime, siendo un hombre de sociedad quisiera irse a Hollywood?

—Hollywood apenas empezaba. ¡Aún no se suicidaba nadie! Además, Jaime era un hombre totalmente europeo, y veía con interés todo lo nuevo. ¡Un hombre europeo sí hubiera permitido que su esposa fuera actriz! Así lo hizo Jaime. Además, a él le hizo más ilusión que a mí ir a Hollywood, porque veía también para él la posibilidad de hacer guiones de cine, escribir, decorar, pintar, y se entusiasmó. Claro, la familia Martínez del Río se opuso, y toda la sociedad mexicana se nos echó encima. En realidad soy, o fui, la primera mujer mexicana que rompió sus cadenas, y que de señora de sociedad pasó a actriz de cine, y cosa inusitada, ¡con el apoyo de su marido! Mi mamá, que siempre quiso que yo llevara una vida fuera de lo común, me apoyó. Las familias de abolengo, junto con los Martínez del Río, hicieron caer sobre nosotros una avalancha de críticas. A Jaime no pareció importarle gran cosa, ni le hizo mudar de parecer. A mí, sea dicho con verdad, sí me afectó. Todavía ni nos íbamos a Hollywood y ya nos estaban haciendo pedazos. Pero Eduardo Iturbide, que durante toda su vida fue para mí un gran amigo, ante mi perplejidad y mis titubeos decidió dar una fiesta enorme: "¡Te voy a dar un gran baile de despedida!". Y a esta fiesta de Eduardo, en su casa de la calle de Tonalá, vinieron todas las grandes figuras de la sociedad. ¡Fue el baile más rumboso del año! Durante la noche, Eduardo Iturbide me regaló un Vanity, de Cartier, y me escribió unos versos. Dijo: "Voy a ser profeta", y declaró que iba yo a triunfar en Hollywood. Terminó el baile a las ocho de la mañana, y de la calle de Tonalá nos fuimos a empacar para irnos. En la puerta me dijo Eduardo: "Ahora, vamos a ver quién se atreve a cerrarte las puertas".

Hicimos cinco días en tren de aquí a Hollywood, pero el viaje nos divirtió. Jaime empezó, incluso, a escribir un guión. ¡Fíjate, creo que todavía tengo dos historias de cine que él escribió!

SIQUIERA ALGO

—Mi primer papel en Hollywood fue el de *Johanna*, en 1925; representaba a una condesa española. Al principio me fue muy mal, muy mal, cosa que no me hubiera imaginado. La lucha de Hollywood es como de fieras. Yo lloraba todas las noches. Sufrí mucho en aquella época. Sentía que no podía regresar a México, y me sentí perdida sin mi familia, sin mis amigos. Allá era yo una de las mil personas al acecho de un papel, una doña nadie y, además, sin saber el idioma. ¡Es terrible no poder expresarse ni comunicarse con los demás! Varias veces estuve a punto de abandonarlo todo, pero yo tenía un orgullo tremendo. Sabes, el orgullo es una cosa muy necesaria. ¡Es como una espada que una trae adentro, como la columna vertebral! Recordaba que en México muchas personas habían dicho que Jaime y yo íbamos a regresar con la cola entre las patas. Recordaba todo lo que habían dicho en México, y aunque me mordía yo las manos de angustia y de soledad, decidí no regresar hasta no obtener siquiera "algo". Jaime estaba, como siempre, un poco en las nubes. Vivía atrás de los sueños: quería hacer scripts, veía posibilidades de grandes negocios, en fin, no paraba de fabricar castillos en el aire. Cuando me sentía más desanimada, pensaba en las palabras de Eduardo Iturbide, que siempre me alentaron. Recordaba cómo brindó por mí: "Voy a ser profeta: auguro los triunfos de Dolores. Auguro su éxito". Mientras yo seguía en Hollywood con la cola entre las piernas, Edwin Carewe no perdió jamás su fe en mi carrera. Me enseñó a actuar. Me dio lecciones de inglés, a pesar de que era esta la época del cine mudo. ¡Hasta que surgió la oportunidad esperada! Hice *Evangelina*, por la que me pagaron una fortuna: doscientos cincuenta dólares.

—¿Doscientos cincuenta dólares a la semana?

—¡Sí, doscientos cincuenta dólares a la semana! Ese fue mi primer sueldo, mejor dicho, nuestro primer sueldo. Allá, en Hollywood, no era nada, visto el tren de vida y la cantidad de gastos que necesitan hacerse en ese ambiente de lujo y de frivolidad. Con los doscientos cincuenta dólares, Jaime y yo rentamos una casita, tuvimos un cochecito y una criada. Ya no alcanzó para más. Cuando me "lanzaron", como dicen ellos mismos *when a star is born* tuve un sueldo mayor.

LOS EXITOS, EL GATO Y LA LIEBRE

Después vinieron *Resurrección* y *Ramona*, dos películas divinas, que deben estar enlatadas en Hollywood, y *El Precio de la gloria*, que se estrenó en el Roxy Theater de Nueva York. Luego *Los amores de Carmen*, con Raoul Walsh, y *La bailarina roja de Moscú*. Con el triunfo yo no recordaba los momentos en que tenía yo que permanecer de pie durante horas en el agua hasta que filmaran una escena. Hollywood, en aquel tiempo, era algo cruel, maravilloso, brillante, glamoroso, elegante. Llegaban personas de todas partes del mundo, novelistas como Somerset Maugham, Noel Coward, que venían simplemente para pasar un verano. Se hacían fiestas increíbles en las que por una sola noche, los más grandes decoradores e iluminadores de los estudios cinematográficos arreglaban la casa. Los anfitriones planeaban su recepción durante meses para que opacara a la del vecino, la semana anterior. Se mandaban traer gardenias de Hawai, rosas francesas especiales; por avión llegaban fuentes de caviar, ancas de rana y caracoles a la bourguignonne, faisanes y patés de foi-gras, piezas de charolais, champañas, nidos de golondrina, acociles y quesadillas de flor de calabaza y de huitlacoche... —se ríe—. Las mujeres que asistían a las fiestas estrenaban cada día un vestido más deslumbrante que el anterior; trajes de luces y de chaquiras, de piedras bordadas, de corpiños tapizados de perlas, y esas estolas de armiño, sin hablar de los minks, de los velos y encajes, y de la profusión de joyas que usaban. Cuentan que Lupe Vélez, en el más famoso restaurante de Nueva York, del que era una "habituée", se presentó deslumbrante en un abrigo de armiño. Antes de tomar su orden, el "maître" acarició lentamente la piel y le dijo con dulzura: "¿Qué tal el conejo?". Y Lupe tuvo una respuesta de víbora: "¿Qué sabe usted de conejos en esta fonda, donde dan gato por liebre?"... Eran los tiempos en que Buster Keaton llenó, para sus invitados, una alberca con champaña, para que les hiciera cosquillitas en la planta de los pies.

Cuando llegamos, entramos al grupo de Jack y Sonny Whitney, que nos chaperoneaban a Jaime y a mí a todas partes. Las fiestas se hacían muchas veces al aire libre, alrededor de las piscinas. Los Angeles era muy feo, y nadie iba allá. Todos nos quedamos en Beverly Hills, en donde se alineaban una serie de casas con jardín, construidas por estupendos arquitectos, y cada casa era más linda que la otra. Los dueños tenían millones en las manos, ganados en una noche. ¡Se hacían fortunas de un momento a otro! Recuerdo a John Gilbert, Clark Gable, William Powell, a Adrian el modisto, a Mirna Loy, a Norma Shearer, a Joan Crawford, a Constance Bennet, Gary Cooper, Kay Francis; y de otros países empezaron a llegar gente tan importante como Marlene Dietrich, de Berlín; Leslie Howard y John Barrymore, de Inglaterra; la Garbo, de Suecia, todos para convertirse en stars, porque Hollywood era una empresa manufacturera de estrellas que garantizaba el éxito, la felicidad y la fortuna de los ídolos que brillan en la pantalla.

LA EPOCA DE ORO DE HOLLYWOOD

Hollywood en tiempos de Mary Pickford y Douglas Fairbanks era un esplendoroso cuento de hadas. Los artistas vivían en una colina llamada *Pickfair* y daban unas fiestas como de las mil y una noches. Iluminaban la colonia con cascadas pirotécnicas y colgaban esferas en los árboles. Era indescriptible.

RODOLFO VALENTINO

Rodolfo Valentino es el hombre más hermoso que he conocido en mi vida. Llegaba a las fiestas vestido por los mejores sastres de Londres en su *Issota Fraschini* y todas las mujeres se desmayaban a su paso. Tenía un *charme* enorme y esa especie de suavidad-casi-ternura, característica del hombre latino. Valentino jamás defraudó a su público. Como era un personaje de leyenda nunca rompió la ilusión que miles de mujeres tenían por él. Vivía en su casa con sus perros daneses gigantes y no salía a la calle como salen ahora los nuevos ídolos del cine moderno norteamericano, despeinados, sucios, borrachos, mal vestidos y con esa actitud de "a mí qué me importa". Bueno, no sé, a lo mejor las generaciones de ahora están encantadas con que su ídolo sea tan sencillote como ellas.

GRETA GARBO

—Es la figura más fabulosa del cine, es excepcionalmente inteligente y llena de complejos. Tiene pavor a la gente. No es ninguna pose o recurso publicitario, sencillamente no deja que la gente llegue a ella porque le tiene pánico. Está dominada por el miedo. Gabriel Pascal y Alexander Korda le han pedido que vuelva al cine. Korda esperó dos años la respuesta de Greta Garbo antes de darle a Ingrid Bergman el papel de Juana de Arco. Pasó lo mismo con el film sobre la vida de George Sand. No se decidió. Como es ya un personaje de leyenda, ya no se lanza. No hay para ella película lo suficientemente maravillosa. Yo creo que nunca volverá. Tiene miedo a defraudarse a sí misma. Es cierto, anda sin pintarse, con un viejo sombrero de fieltro calado hasta las cejas, el pelo sucio, lacio, envuelta en un enorme abrigo. Corre para que no la alcancen.

MARLENE DIETRICH

—Marlene Dietrich es lo contrario de Greta. Extrovertida, le encantan las fiestas, la publicidad, que la vean, los grandes romances y que todo mundo se entere de sus cosas. Lo más difícil para una mujer es tener rodillas preciosas y Marlene además de esas piernas tan famosas tiene las rodillas más bellas que uno pueda imaginar. ¡Fantásticas!

LO QUE LA ACTRIZ NECESITA SON NERVIOS

Dolores habla con entusiasmo. De hecho, nunca ha dejado de entusiasmarse. En 1964, después de 16 semanas de trabajo en el rodaje de la película *El Otoño de los Cheyennes*, de John Ford, de vivir en unos llanos espeluznantes en tiendas de campaña en Monument Valley, y luego en las faldas nevadas y glaciales de Colorado, regresó fresca como una rosa y repleta de proyectos.

—¿Nunca se cansa usted? ¿Nunca se desanima?

—¡Sí, Elena, pero ha sido largo mi entrenamiento! Sufrí mucho para convertirme en una estrella de cine, ¡mucho! A las aspirantes siempre las tratan mal. Tenía yo que repetir una escena un sinúmero de veces, en las peores condiciones, y con los horarios más pesados. Me levantaba a las cinco de la mañana, qué digo, a las cuatro, para que me maquillaran, vistieran, afocaran las luces, por eso ahora no me sé desvelar. Me traían de un lado para el otro sin consideración alguna. La vida de una actriz es difícil, y la lucha es constante. Claro, con los años se logra establecer un balance, y en una larga carrera como la mía, con altas y bajas, se puede valorizar cada actuación y poner cada cosa en su lugar, darle su justo valor. Un día le dicen a uno: "¡Maravillosa!" Al otro, declaran: "Su carrera ha terminado". A mí me declararon muerta quién sabe cuántas veces, y esto me ha enseñado a tomar las críticas y las ovaciones con filosofía. Cuando me alaban pienso: "Mañana será otra cosa". Y, en efecto, al día siguiente es otra cosa. La gritería va y viene. Los elogios, los aplausos también van y vienen. La esperanza es siempre violenta, como diría Apollinaire. Al menos, siempre lo fue en mi caso. En las épocas de "bajones" siempre tuve la esperanza de una buena película.

—Hay que tener mucho carácter, ¿verdad?

—Sí, lo malo para las actrices jóvenes, es tomar tan a pecho todo lo que dicen los periódicos, los críticos de cine, los empresarios, y creer a pie juntillas en todo ese mundo deslumbrante que un día las alaba y al otro las patea. ¡Por eso vienen después los golpes mortales! Yo nunca he visto mujeres tan infelices como en Hollywood, porque en medio de ese torbellino de fiestas, rodajes de películas, entrevistas, no podían reflexionar, ni recapacitar, ni darle un rumbo a su vida. En Hollywood se vivía al día, de película en película, de coctel en coctel, de flirteo en flirteo, de ilusión en ilusión: "¿Me darán este papel?" Todo eso en medio de envidias aterradoras, de competencias y golpes bajos, chismes y depresiones. Hollywood es uno de los lugares más crueles que he conocido en mi vida, y siento mucha ternura por todas las jóvenes que tienen que conquistarlo. ¡Lo de Marilyn Monroe resulta lógico! Lo raro es salir adelante en esos tremendos primeros años de carrera. ¿Cómo los pude yo aguantar? ¿Cómo pude sobrevivir a todo? ¿A los elogios desmedidos y a los quebraderos de cabeza? ¿A las decepciones y a las mentiras?

—¿Cómo?

—Los golpes, los desengaños, los años te hacen una especie de coraza, pero ¿sabes cuál es la mejor defensa de una actriz, Elena? Los nervios: aprender a dominarlos. Tener buenos nervios, controlarte a cada momento, que nadie note que algo te está pasando; esa es tu salvación. Respirar hondo, hondo. John Gilbert se suicidó con alcohol. Era tan alto, y había llegado tan alto. Pero al primer contratiempo, se suicidó.

—¿Los dos primeros años son los difíciles, los desesperados, en los que hay que seguir adelante a pesar de todo?

—Sí, aunque toda la carrera es difícil. Clark Gable y Gary Cooper tuvieron momentos en que pensaron que estaban acabados, "finished", pero vino el período de reajuste y salieron a flote. Greta Garbo, en cambio, no pudo con el primer bajón. Estaba rodeada de un medio tan terrible que llegó un momento en que dijo: "¡Hasta aquí!" Lo dijo para sus dentros, para sí misma, porque jamás dijo públicamente que se retiraba; jamás rechazó las ofertas; sólo huyó.

—Es que si uno no está preparado cuando vienen los reveses, es tan grande la angustia, el susto, las dudas, que debe costar mucho trabajo seguir adelante.

—Sí, y en uno de esos momentos crueles, la Monroe no pudo con su vida, Elenita. A la Garbo aún la persiguen con ofertas. Nunca dice ni sí ni no, simplemente se pierde. Está en Europa; aparece un día en un teatro de París, otro en el lobby de un hotel en Londres, en un malecón de Grecia, se queda dos o tres meses aquí, otro allá —fantasma de sí misma, leyenda de sí misma—, pero nunca ha tenido siquiera la voluntad de declarar abiertamente: "No señores no, ya no quiero aparecer en público". La Garbo vino de Suecia a raíz de su película *Torrente* con Maurice Schiller, y se volvió a ir con sus grandes anteojos negros y su sombrero que nunca ha logrado esconderla totalmente. Me parece más valiente Marlene Dietrich, porque jamás dejó que la destruyeran. Todavía hoy se enfrenta al público de cabaret, que es el más difícil, y canta todas las noches. ¡Nunca ha dejado que le ganen la batalla! Muchos actores se entregan a la bebida cuando sienten que otro va a desplazarlos o que los reflectores ya no están encima de ellos y que los columnistas de los periódicos los abandonan; y se desmoronan como un montoncito de piedras.

—¿Es que el mundo ya no tiene sentido para ellos?

EL CORAJE DE CAMBIAR

—No. Por eso muchos han huído, pero muchos también hemos tenido, no sé, el coraje para aguantar e ir haciendo ajustes. Mira, cuando yo sentí —hace algunos años— que mi carrera zozobraba en México y que el cine entraba en crisis, pensé: "Bueno, pues voy a hacer teatro". No dejé que me embargara la desesperanza, sino que al contrario, cada vez me interesa menos el cine, y cada vez más el teatro, y llevo ya ocho temporadas de teatro, una cada año. En 1958, puse *Anastasia*, luego *El Abanico de Lady Windermere*, *Camino a Roma*, de Robert Sherwood, *Espectros* de Ibsen, y cada temporada teatral ha sido para mí una satisfacción. Ves, la vida de una actriz es un juego de luces. Luces que suben, luces que te afocan en un círculo deslumbrante, y luces que de pronto abandonan sobre el escenario. Si gimoteas, en vez de esperar, la luz no regresa.

CEDRIC GIBBONS

—En Hollywood, mientras yo filmaba, Jaime hacía citas con productores o directores, para ofrecerles un guión, pero nunca llegó a firmar contrato alguno. Sin embargo, no perdía las esperanzas, y continuaba siendo el mismo hombre, encantador, iluso y distraído. Después de algunos años, desilusionado se fue a Berlín, donde veía una nueva oportunidad. Iba muy bien recomendado. Murió en Alemania en 1929, año en que yo filmaba *Evangelina*, y en donde cantaba tres canciones en francés. Después me casé con Cedric Gibbons, director artístico de la Metro Goldwyn Mayer. Cedric trabajaba en la Metro Goldwyn Mayer, y aún así era difícil el papel del marido de una "star". A veces ni nos veíamos, porque cada uno trabajaba por su lado, y nuestros horarios no coincidían. Viajamos. Fuimos a París. Me compré vestidos increíbles en las casas de alta costura: Gres, Schiaparelli, Lanvin.

AL QUE MAS QUIERO ES AL ACTUAL

—¿Y a quién quiso usted más?

—Quiero a Lew, porque he encontrado un nuevo equilibrio. Por ejemplo, cuando viajo, sólo soy Mrs. Lewis Riley. Ahora me resulta fácil hacerlo, porque hoy puedo entrar y salir de mi carrera, no soy "actriz" ante todo, pero antes no sabía hacerlo. Estaba demasiado joven, demasiado inexperta. Además, era la época del "glamour", y ¡eso es malo para cualquier jovencita! Cedric y yo nos divorciamos en 1941 y vine a México. ¿Sabes que hasta la fecha he filmado ochenta y seis películas?... Si mi ida a Hollywood fue criticada por toda la sociedad mexicana, el regreso fue mucho peor. No sabes qué murmuraciones cuando dije que pensaba hacer cine en México. Empezaron a decirme: "¿Con quién vas a hacer cine aquí?" Yo quería ayudar a que el mundo descubriera mi país. Siempre me he sentido muy mexicana, y siempre me ha gustado lo mexicano; lo verás en mi casa, en mi colección de arte prehispánico.

DE LAS PIELES AL REBOZO

—Pero este interés por México, ¿cuándo despertó en usted?

—El entusiasmo mexicanista de Diego Rivera, de Miguel Covarrubias, se había comunicado a todas las artes. En todas partes se sentía una gran pasión por nuestro pasado. Fui amiga de Diego, de Miguel, de Carlos Pellicer, de Guillermo Dávila, de Salvador Novo, de Adolfo Best Maugard, de no sé cuántos más, ¡y vino entonces la época de oro del cine mexicano! Me quité pieles y diamantes, zapatos de raso y collares de perlas; todo lo canjeé por el rebozo y los pies descalzos.

—¡Qué cambio!, andar con los pies desnudos después de calzar modelos exclusivos.

—Tienes razón, Elenita, aunque debo aclararte que en Hollywood filmé las primeras cuatro películas, maravillosamente bien vestida, y no tuvieron ninguna importancia ni las películas, ni los vestidos. Nadie se fijó en mí. Pero después, cuando interpreté a Charmaine en *El precio de la gloria*, mi quinta película, tuve que descalzarme y la cinta obtuvo una extraordinaria resonancia. En *Ramona*, de la que aún se habla, también aparecí sin zapatos al igual que en *Evangelina*. Todas de gran éxito, siempre y cuando saliera descalza. Desde entonces fui adquiriendo la única superstición que tengo, de creer que si no me descalzaba, la película no iba a ser buena. Esto se confirmó cuando no lo hice en dos ocasiones que significaron sendos fracasos. Me acuerdo que El Indio Fernández aseguraba que era tan importante tomar un close-up de mis pies como uno de mi cara.

—¡Qué cosa tan chispa!

—Sí. Además, mis pies también han sido pintados por José Clemente Orozco y por Diego Rivera, quien después utilizó estos dibujos en algunos de sus murales. Pero eso fue porque pensaban que mis pies eran muy mexicanos: cuadrados. Diego dijo que las cosas que yo tenía más bonitas eran la calavera y los pies.

—¿El esqueleto?

—Sí. Mi esqueletito rumbero.

Me quedo pensando en lo paradójico que resulta esta declaración al recordar que Dolores del Río tiene el trofeo de "la mujer mejor vestida de América"; pero no digo nada para que ella me siga platicando.

—Con Emilio Fernández, Gabriel Figueroa, Pedro Armendáriz, hicimos *Flor Silvestre*, en 1942, con la cual obtuve el premio de Bellas Artes y Ciencias Cinematográficas por la mejor actuación femenina: *La Perla, Bugambilia, Las Abandonadas, La Malquerida* y, naturalmente, *María Candelaria*, que considero mi mejor película.

—¿Este cine mexicanista le interesó mucho?

—Mucho, porque era una nueva manera de hacer cine con un ritmo muy lento, encuadres distintos, fotografías distintas. Nació el famoso blanco y negro de Gabriel Figueroa, que ha tenido y sigue teniendo influencia en los japoneses, por ejemplo. ¡Vélo en Kurosawa! Y en el griego Kakoyanis. Para mí es muy clara en ellos la huella de Emilio Fernández, la de Figueroa, y de su gran cine.

LA MORENEZ

Lo que Dolores del Río no dice, quizá por modestia, es cuánto la quieren en Hollywood. Ella llenó toda una época del cine, y los años de 1925 a 1941 en los Estados Unidos están marcados por su gracia, su distinción y su hermosura. Miles y miles de revistas hablaban de ella, y la consideraron la mujer más bella del mundo. ¡Es una lástima que nosotros no podamos disfrutar ahora de películas como *Ramona, Resurrección, Evangelina, El Precio de la Gloria, Madame Dubarry*! Dolores la recuerda con especial cariño "porque sabes, los vestidos eran muy, muy bonitos, y ya conoces mi debilidad por la ropa", y *Wonders Bar*, que hizo con Al Johlson, Kay Francis y Dick Powell. Pero nos hemos quedado en México con lo mejor de ella misma; con esa trinidad, compuesta por: Gabriel Figueroa, Emilio Fernández y ella misma.

—Señora, en Hollywood ¿qué opinaban de que usted fuera morena?

—Yo lo sentí mucho en los Estados Unidos. ¿Cómo decirte? Había una falta de aprecio por el tipo moreno. Todas las grandes bellezas eran rubias y de ojos azules. Todas parecían salir de los cuentos de hadas. Creo que Rodolfo Valentino y yo pusimos de moda en el mundo el tipo latino.

—¿Entonces todos los hombres empezaron a enloquecer por las "brunettes"?

—Quizás sí. Me convertí en el prototipo de la mujer mexicana, si tú quieres, de la mujer latina.

—Pero, ¿a usted la consideraban una belleza exótica?

—Esa palabra siempre fue conmigo. Pero no me molestaba, me decían "frutal, tropical", lo que tú quieras, pero yo siento que al público le gustó el tipo mexicano. Realmente lo conocieron a través de mí. Muchas mujeres empezaron a asolearse excesivamente, muchas a sentirse rubias desabridas o deslavadas, vino el auge de lo moreno; muchas también se pusieron Dolores, y hasta Lolita.

Cuentan que en París, todos los grandes modistas querían vestir a Dolores por la perfección de sus medidas. Se asombraban ante la fineza de sus tobillos y sus muñecas, ante sus pies pequeños y nerviosos, su nuca frágil, sus brazos largos y delgados, su sonrisa luminosa, su calidad de fruta. Dijo una vez la modista Elsa Schiaparelli: "¡He visto a muchas mujeres bellas entrar aquí, pero ninguna tan completa como Dolores del Río!".

UN HOMBRE RARO

—¿Y cómo nació *María Candelaria*?

—Todos los años, en el día de mi santo, hago un desayuno: una tamalada, atole y champurrado. Ese día vienen mis amigos y me traen regalos, —¡no es obligatorio!—. Ese año, Emilio Fernández no tenía ni un centavo, y sentado en un *Kiko's* pensaba: "¿Cómo ir a ver a Lolita con las manos vacías?". Se pasó parte de la noche anterior a mi onomástico tratando de resolver este difícil problema, cuando se le ocurrió: "¡Le voy a regalar a Lolita una historia de cine". Y se pasó toda la noche escribiendo en la mesa del café del *Kiko's* en servilletas de papel. A la mañana siguiente llegó todo avergonzado, con un altero de servilletas de papel: "¡Es su regalo de día de santo!" y a las ocho de la mañana me puso en las manos el guión de *María Candelaria*. Ese día estaban en mi casa Diego Rivera, José Clemente Orozco, Agustín Fink y me ofrecieron algún presente: un idolito, flores, un boceto, y Emilio se acercó muy ranchero y me entregó esas ocho servilletas cubiertas con su letra: "Pos a ver si le gusta".

—¡Ay, qué hombre tan raro este Emilio!

—Al día siguiente les leí *María Candelaria* a mis amigos, y a todos les pareció excelente. Los productores asediaron a Emilio para que les vendiera el guión, y repuso: "Esa historia es de Lolita. No es mía... Si la compran, cómprensela a ella". ¿No te parece adorable?

—¿Así que *María Candelaria* le pertenece realmente?

—Sí, después la filmamos en Xochimilco. Pedro Armendáriz hizo el papel de Lorenzo Rafael, Gabriel Figueroa la fotografía, y el resto de la historia ya la conoces.

—Y de las películas que hizo usted más tarde, como *La Cucaracha*, ¿qué opina?

—Pues ¿qué te diré? Espero que sea la última película que filme yo sobre la Revolución Mexicana. El mejor recuerdo es que hicimos amistad María Félix y yo.

—¡Todo el mundo decía que se odiaban!

—Pues ya ves que no.

—¿Y por qué no siguió el cine mexicano en su época de oro? ¿Qué le pasó a Emilio Fernández?

—El problema de Emilio Fernández es que no supo salirse a tiempo del cine mexicano. Nosotros debemos dejarle el lugar a los jóvenes para que haya una renovación. No podemos repetir una y otra vez hasta la saciedad lo que bien hicimos. ¡Lo hicimos muy bien! ¡Qué bueno! No tiene sentido volverlo a hacer. La época de oro del cine mexicano de "tipo indigenista o mexicanista", si quieres llamarlo así, ya pasó. Ahora debemos ir hacia otra etapa que pueda ser igualmente buena, pero distinta.

EL TALENTO ES MAS DURABLE

Cuando vi que el cine mexicano entraba en decadencia, me orienté hacia el teatro, porque quise encontrar mi propio camino. Es ésta —si tú quieres— la tercera etapa de mi carrera artística: la del teatro, y es la que me da grandes satisfacciones. En 1959 agoté las localidades del Teatro Virginia Fábregas con *El abanico de Lady Windermere*, de Oscar Wilde. El mismo éxito se repitió en 1960 con *Camino a Roma*, de Robert Sherwood. En Buenos Aires, presenté *El abanico*, y el Teatro de los Insurgentes estuvo lleno a reventar cada noche con *Mi Querido embustero* de Bernard Shaw. Por eso lo hemos llevado de nuevo a escena Lew, Ignacio López Tarso, David Antón y yo. ¡Cuando lo pusimos en el Insurgentes, alcanzó el promedio de taquilla más alto que ha tenido ese teatro!

—¿Y no fue difícil el paso del cine al teatro?

—El paso del cine al teatro me hizo sufrir mucho. Hay tantas actrices de cine que lo han intentado y fracasan. ¡Si tuviera yo que volver a pasar por la conquista del teatro, lo volvería a hacer!, como le dijo Don Quijote a Sancho Panza; pero fueron unos días pavorosos. Despertaba yo bañada en sudor del miedo; tenía ganas de desaparecer. Me preguntaba, ¿por qué?, ¿por qué siento la obligación interior de seguir adelante, de hacer esto, si puedo estarme muy tranquilamente en mi casa? Pero yo tenía que vencerme a mí misma. Siempre he tenido una voluntad de hierro y, por qué no decirlo, un gran amor a mi carrera. El cine tiene sus límites. Para el cine necesitas juventud. Para el teatro, talento y el talento es más durable, menos frágil que la juventud. En el cine, llega un momento en que tú ya no puedes crecer como actriz. El teatro, para mí, es como la hora de la verdad porque te enfrentas a ti misma. Nada de "corte" y a repetir la escena si no salió. En el teatro el verdadero diálogo es con el público.

—¿Esto significa que usted no va a volver al cine?

—¡Claro que sí! Los experimentos que hicieron los jóvenes, José Luis Ibáñez, Juan Ibáñez, Juan José Gurrola y otros cuyos nombres se me escapan me parecen interesantísimos. Soy amiga de Héctor Azar, de Quique Félix, de todos ellos. Estoy con los jóvenes. Ahora, Juan Ibáñez me va a dirigir en una película adpatada por Julio Alejandro, *Delírium*, y tengo una gran fe en ese proyecto. Tengo fe en Ibáñez como director y fe en la obra, que es excelente. ¡Ves, Elenita, hay que vivir cada momento de la vida tal y como se nos presenta! Yo hice una carrera de "star", de tipo exótico; era yo una flor extraña, algo así como una orquídea recién descubierta en medio de las otras "stars" de Hollywood y justamente mi éxito estribaba en esa diferencia; en ser exótica, nunca vista. Esta carrera de "star" es tan frágil que uno debe terminarla lo más pronto posible; eso sí, aprovechándola para que se nos abran otras puertas y prolongar así la carrera de actriz. ¡Esta es la durable! No importan los "looks", o sea el físico, sino la vida interior que le da uno al personaje.

DOLORES ARQUEOLOGA

—Mi hobby es la arqueología. Es los últimos dos años han llegado a mis manos muchos libros sobre arqueología. Sigo las conferencias de don Alfonso Caso y de Ignacio Bernal. Ahora tengo una colección de cincuenta cabecitas y todas esas piedritas se me parecen. Tienen los ojos y las cejas jaladas como yo. Todos mis amigos, Fito Best Maugard, Jorge Enciso, Miguel Covarrubias, Diego Rivera y Roberto Montenegro me han dicho que mi colección es muy valiosa y cuando muera tendré que donarla a un museo. Admiro a arqueólogos y antropólogos pero a quien más admiro es a don Alfonso Reyes. También siento un enorme respeto por las virtudes humanas del artista Gabriel Figueroa. Tiene una gran honestidad en su trabajo y en su persona. Nunca dará su brazo a torcer.

SU MEJOR EPOCA

—¿Y cuál fue la mejor época de su carrera artística, de su carrera en el cine? ¿No fue cuando regresó a México?

—Sí, para mí esa época fue la mejor por muchas razones. La recuerdo con más cariño que cualquiera otra porque fue el regreso a México en todos los sentidos; el regreso a mis raíces, el retorno a lo mexicano, al mundo al que pertenezco. ¡Cuando vine, en 1941, el mundo entero estaba descubriendo a México, y de los Estados Unidos venían muchos turistas! Fue algo así como el nacimiento del país a la cultura y al arte. Las piezas prehispánicas empezaron a cotizarse a precios muy altos; se vendían en Nueva York y los coleccionistas se las disputaban. ¡Todo el mundo emprendía expediciones a las pirámides y asistía a las conferencias de arqueología! Yo ya no podría vivir lejos de México, ahora. Permanecí fuera dieciséis años —en Hollywood, París, Nueva York, Londres—, pero entonces estaba yo muy joven, no me sentía tan arraigada y lo que más me importaba era mi carrera de cine. Ahora ya estoy vinculada. ¡Aquí he echado raíces y de México saco mi savia! Lew y yo viajamos mucho, cuando podemos, pero regreso a México cada vez más contenta de correr a esconderme en *La Escondida*.

Septiembre de 1953-Mayo de 1975

UNA EXTRAÑA, MORENA ORQUIDEA

Dice la historia oral que Doroteo Arango se lanzó a la aventura revolucionaria para escapar de la justicia, que lo perseguía por criminal, y a la vez para hacer la justicia que se le negaba por la violación de una de sus hermanas. En represalia, él había jurado matar a cualquier miembro de la familia López Negrete. Así, cuando ya con el nombre de Pancho Villa, Doroteo y su gente estaban a punto de tomar la ciudad de Durango, el banquero local don Jesús R. Asúnsolo, casado con una López Negrete, apenas alcanzó a meter a su familia en el último tren que salió de Durango con rumbo al sur y él huyó a los Estados Unidos.

Doña Antonia López Negrete de Asúnsolo, prima del recién asesinado presidente Francisco I. Madero, instruyó a su hija Lolita, de apenas cinco años, intencionadamente mal vestida, a permanecer callada durante el viaje para ocultar su esmerada educación frente a tanto pueblo encalzonado que blanqueaba el tren y las estaciones. La ropa decente iba escondida debajo de las provisiones.

En la ciudad de México, se instalaron en una casa de la colonia Juárez y Lolita ingresó en el Colegio Francés Saint Joseph, por San Cosme, donde estudiaría hasta cumplir los quince años, en 1920 cuando Pancho Villa se rindió.

Lolita había nacido un 3 de agosto, de 1905 o de 1906. En 1921 tenía 16 años al casarse con quien le doblaba la edad, el casi solterón de exactamente 32, Jaime Martínez del Río y Vinent, educado en Francia y en Inglaterra, y emparentado con gente de la nobleza mexicana, nobleza de ayer en la tarde, pero de apariencia más o menos deslumbrante como en los cuentos infantiles.

Dos años, o tal vez sólo uno según opiniones, duró el viaje de bodas por los países más de moda en Europa, con largas estadías en Londres, París, Madrid y Roma. A su regreso Jaime Martínez del Río sintió vocación agraria y fueron a vivir a una de las propiedades de su familia en La Laguna, el rancho Las Cruces, de 400,000 hectáreas que bien dibujadas, si fuesen en cuadro darían 20 kilómetros por lado. Al año y medio Jaime fracasó como agricultor, abandonaron el rancho y pasaron a radicar a la ciudad de México.

En 1924 había fiestas cada día. Asistían con frecuencia a las reuniones en casa de Eduardo N. Iturbide, exgobernador huertista del Distrito Federal. A una fiesta dada por un primo de Lolita "conectado con el cuerpo diplomático", probablemente el pintor Adolfo "Fito" Best Maugard, asistió el director de películas Edwin Carewe, quien visitaba México en viaje de placer con Mary Akin. Lolita bailó. Carewe se entusiasmó. La visitó varias veces en su casa para oírla cantar, ver sus bailes españoles, sus tangos, y le propuso ir a Hollywood. Carewe haría de ella una *star*. La oportunidad era doble: Jaime, un tradicional hijo de familia, dependiente de la autoridad y del bolsillo paternos, parecía dotado para escribir. Haría guiones que lo independizarían de casa.

Contratar a una mexicana que cantaba, bailaba, era bella y poseía una educación esmerada, era por demás acertado, y muy conveniente para los intereses de Carewe, quien como productor independiente había tenido tropiezos por incluir en más de una de sus películas a tipos mexicanos que denigraban a nuestro país. Por esa razón, en México el gobierno había prohibido la exhibición de por lo menos dos cintas de Carewe y muchas de otros pequeños productores, además de trabar embargo sobre doscientas de la Paramount y vetar la entrada de cualquiera de las de la Metro o de Pathé por su insistencia en denigrar a los mexicanos. Carewe parecía haber corregido su mirada sobre México, y aun pareció animado de generosos sentimientos al confesar que las casas productoras venían cometiendo un error al explotar en sus cintas a mexicanos empistolados, cuando en México existía un ambiente social de mujeres distinguidas y hombres de muy refinada cultura. Tal vez era sincero, pero no puede soslayarse que la creación de una primera figura femenina mexicana, en papeles no denigrantes para su país de origen, suavizaría la rigidez del gobierno y abriría un fructífero mercado a las producciones norteamericanas.

Los Martínez del Río llegaron a Hollywood a fines de agosto de 1925. Dos días después de su llegada se inició el rodaje de *Joanna*, dirigida por Carewe, película en la que Dolores aparece en secuencias breves, salvo una donde baila una danza española. Aunque pocos los acercamientos a su rostro, bastaron para atraer la atención hacia su belleza. Antes de un año había intervenido en *High Steppers* (Carewe 1926); *Pals First* (Carewe 1926); *The Whole Town's Talking* (Edward Laemmle 1926); y *What Price Glory?* (Raoul Walsh 1926). En ésta, *El precio de la gloria*, llevó el papel estelar.

El éxito de Dolores fue creciendo de la mano con los celos profesionales de su marido, conocido en las murmuraciones de Hollywood como "Mr. Del Río el marido de la estrella".

En 1926 Dolores ganó el primer lugar de popularidad del *WAMPAS Club* (siglas de Western Association of Motion Picture Advertisers, que formaron una nueva palabra: "wamp", con el significado prototípico de vampira o vampiresa). El Club abrió votación para 1927. La lista de trece candidatas incluyó a Mary Astor, Joan Crawford, Janet Gaynor, Fay Wray, Dolores del Río y la popularísima Dolores Costello, quien a través de un diario italiano pidió los votos de sus simpatizantes. Dolores del Río recurrió a *El Universal* y a *Los Angeles Times*, y ganó de nuevo, esta vez por 200,000 votos. Al viajar desde Mazatlán, adonde llegó en el yate de Carewe para filmar escenas de *Revenge*, de regreso a Los Angeles por tren para llegar a tiempo al estreno de *Ramona*, hubo tumultos en la despedida y en las estaciones que tocaba el convoy.

El público tenía de ella y de Jaime la imagen de una pareja no contaminada por la decadencia moral hollywoodense.

Mientras Dolores seguía en ascenso: *Resurrection* (Edwin Carewe 1927); *Loves of Carmen* (Raoul Walsh 1927); *The Gateway of the Moon* (Raoul Walsh 1928); *The Red Dancer of Moscow* (Raoul Walsh 1928); *No Other Woman* (Leon Tallegen 1928), el matrimonio optó por una separación amistosa. Jaime fue a Nueva York a probar fortuna como dramaturgo. Al fracasar no volvió a California, recibió la demanda de divorcio que en abril de 1928 había iniciado Dolores, y viajó a Alemania como supervisor de una compañía teatral.

Mientras tanto, Carewe se iba enamorando de Dolores y entre su dirección de *Ramona* (1928) y *Revenge* (1928) se separó de Mary Akin. El éxito de estas dos cintas generó el primer contrato millonario. Además, para la buena fortuna de Dolores, el disco con la canción *Ramona*, interpretada por ella misma ya en los inicios del cine sonoro, fue el primero en vender cientos de miles de copias en los Estados Unidos. Dolores del Río inició las ventas masivas de música grabada en ese país.

En junio del mismo año Dolores obtuvo sentencia favorable, y dos meses después, según expresa en loable síntesis el doctor Aurelio de los Reyes, "inició un viaje combinando de turismo, nostalgia y trabajo, acompañada de su madre y de su director Carewe, con el que, decía la prensa, contraería matrimonio. En París se encontró con Jaime, tal vez ambos buscaban la reconciliación, que no se dio. Por el contrario, la separación fue total y al parecer ese encuentro también enturbió su relación profesional con el director, quien regresó antes de lo previsto."

En diciembre del mismo año, el día 3, se supo en California que Jaime estaba grave en Berlín: envenenamiento de sangre. Dolores se comunicó con él. Jaime falleció el día 7. *El Universal* del día siguiente dice que Dolores sufrió un ataque de nervios y exclamó: "*¡Oh!, Jaime mío... ¿Por qué no pude estar a tu lado en tus últimos momentos?... Pero creeme que desde aquí, y desde que supe tu enfermedad, he estado rezando por ti, día y noche...Perdóname, Jaime mío!*"

El boletín de los médicos alemanes subrayó que el señor Martínez del Río había fallecido no tanto por la gravedad de su padecimiento, sino porque él quería morir.

"En el sepelio un ramo de flores, el único, con la leyenda *A mi amado* atestiguó el amor de Dolores." Jaime murió de casi 40 años, enamorado de Dolores, la que a los 23 se entregaba a su carrera.

Ya distanciada de Carewe, dirigida por él filmó a principios de 1929 *Evangelina*, otro éxito, con el cual Carewe vendió el contrato a la United Artists. Dolores tendría derecho a escoger director y argumento, y obtenía un salario de 9,000 dólares por semana. Carewe simuló retirarse, pero volvió para filmar otra versión de *Resurrección* con Lupe Vélez. Una traición y un fracaso. Su siguiente película fue solamente fracaso. Carewe no venció la barrera del cine mudo ni la de los fracasos. Habría de suicidarse pocos años después.

Con la muerte de Jaime, y la publicación de algunas circunstancias de la misma por los diarios, la simpatía del público por Dolores decayó notoriamente.

En 1930 Dolores se casó con Cedric Gibbons, uno de los jerarcas de la Metro. Durante la filmación de *The Dove* Dolores se desmayó, duró enferma ocho meses en el hospital, y fue dada de baja por la United Artists, dueña de su contrato. En esa época sufrió publicidad negativa, cuando su demandante Gunter Lessing reveló problemas íntimos, y Dolores se precipitó de las alturas de una estrella hasta el barranco de la impopularidad.

En 1941 se divorció de Gibbons, y se hizo amante de Orson Welles, pero durante la filmación de *Journey into Fear* éste la abandonó por Rita Hayworth (la que después se casaría con el Aga Khan). Al año siguiente, hastiada y humillada, Dolores vendió su casa de California y llegó a vivir a México, en un viejo rancho en Coyoacán, llamado *La Escondida.*

Emilio Fernández le proporcionó un segundo encumbramiento con *Flor silvestre* y *María Candelaria,* ambas de 1943 donde se reunieron los cuatro grandes del cine mexicano de aquellos tiempos: Gabriel Figueroa en la fotografía, El Indio en la dirección, y Dolores del Río con Pedro Armendáriz en la actuación. Fue el mejor momento cinematográfico mexicano de Dolores.

En 1959 se casó de nuevo, esta vez con el productor teatral Lew Riley, quien desde entonces fue su fiel compañero, y recorrieron México, Argentina, España y Estados Unidos con representaciones de obras como *El abanico de Lady Windermere, Espectros,* y *La Dama de las camelias.*

Pero Hollywoood volvió a acordarse de Dolores, y del papel de llave mágica que había suavizado la censura y abierto el mercado mexicano años atrás, cuando la contrató en 1960 para el papel de madre de Elvis Presley en *The Flaming Star,* contratación muy conveniente, pues nuevamente México había prohibido la exhibición de las películas de ese marranito lleno de oro que era Elvis, desde que éste declaró que lo último que haría en la vida sería besar a una mexicana. Dolores representó el papel de una madre vieja y joven a la vez que bella, imagen que conservó el resto de su vida.

En la vida real no tuvo hijos de ninguno de sus matrimonios, pero su amor a los niños está presente en la Estancia Infantil de la ANDA, cuya primera piedra, en un predio seccionado al bosque de Chapultepec, fue colocada en un predio equivocado por las autoridades del Departamento del Distrito en solemne ceremonia. En otro aspecto de su generosidad, del profundo amor que profesó a su madre nació su apoyo a la Casa del Actor, donde se asila a los viejos que han dejado su vida activa en los escenarios del teatro y del cine. De esta manera, las constantes en la vida de Dolores del Río están representadas en su amor a los niños, a los ancianos, y en sus luchas por el respeto que merece toda mujer que se dedica al arte, y por la preservación de los tesoros y monumentos artísticos de México.

El primer rostro de mujer latinoamericana que asomó a las pantallas cinematográficas del mundo, cerró sus ojos a esta luz el 11 de abril de 1983, víctima de cáncer, a los 77 años de edad en un hospital de La Jolla, California, mientras a corta distancia se entregaba el *Oscar* del año a nuevas diosas de la pantalla.

Datos tomados de *Siempre Dolores,* de Paco Ignacio Taibo, de *Nacimiento de un mito: Dolores del Río*, del Dr. Aurelio de los Reyes, y del diario *El Universal* de la ciudad de México.

LOLA ALVAREZ BRAVO

Los últimos fogonazos de la Revolución

Allí va con "un montón de chivas", un equipo de la patada, el tripié, la Graflex, la cámara 8 x 10 que fue de Edward Weston y le compró a Tina Modotti. Allí va erguida, su pelo largo recogido en un chongo, sus piernas fuertes, sus brazos de abrazar, su boca arqueada que los muchachos en la calle le chulean. La joven Lola Alvarez Bravo va retratar las tallas del Generalito en la preparatoria.

"ME VOLVI FUERTE Y ME TREPE COMO CHANGO"

—Alejandro Gómez Arias, con la exquisita cortesía que siempre lo caracteriza me encargó mi primer gran trabajo fotográfico. El primer día que llegué a la prepa con todo mi bagaje, aparatos, luces que se me hacían como charamuscas pensé: "Me van a comer los estudiantes" y luego, luego se me acercó un muchacho burlón seguido por otros: "Ay, que le ayudamos con la cámara, que le ayudamos con los reflectores", así vacilándome y yo temblando por dentro pensaba: "¿Cómo voy a hacer para imponérmeles?" y sin más le dije: Sí por favor, gracias, tome usted el tripié y usted los reflectores. Vamos al Generalito". Yo cargaba una petaca de este tamaño y de este alto que había sido de Tina Modotti y después de pedirle al administrador que me abriera el Generalito les ordené a los estudiantes: "Ahora, para alcanzar, creo que voy a tener que subirme en dos mesas, así es que súbame esta mesa por favor encima de esta otra mesa y súbase usted primero y ayúdeme con los reflectores". Sin más me hice fuerte y me trepé como chango. Hicimos todo el teatro, sacamos las fotos y le dije al que había empezado a vacilarme: "Bueno, hágame el favor de decirme cuánto le debo porque usted se ha molestado mucho conmigo y yo creo que usted es de los que pusieron aquí para ayudarme". Primero se turbó mucho, no supo qué hacer pero su reacción fue muy favorable porque cada día que llegaba yo a trabajar me ayudaba con cámaras y luces. Lo que sí, tuve que hacer mucho pero mucho esfuerzo para dominarme y abstraerme del mundo exterior y estar sólo atenta a lo que yo estaba haciendo porque si hubiera yo tomado en cuenta el ir y venir de los muchachos, las circunstancias y el ambiente, un montón de dificultades, pues no hubiera yo podido trabajar.

LA MUJER, COMO LA ESCOPETA: CARGADA Y EN UN RINCON

En 1930, trabajar para una mujer era enfrentarse a la sociedad entera. La mujer como escopeta, cargada y en un rincón. Lola, se-pa-ra-da para acabarla de amolar, se lanzó a la calle a hacer fotografías. Sólo Tina Modotti se había atrevido y así le fue; la pusieron como camote. Líbrenos Dios de decidir la propia vida; eso era cosa del diablo. Pinches comunistas. Todas las mujeres que se atrevían a romper tabús; Lupe Marín, Nahui Olín, María Izquierdo, Antonieta Rivas Mercado, Concha Michel, Aurora Reyes, Frida Kahlo y la caminanta de Benita Galeana, ésa que andaba por los mítines con su petate enrollado, todas acabarían muy mal. Síganle, síganle hijitas de Eva y van a ver nomás adonde van a dar, al infierno con puros tizones en el fundillo. Lola Alvarez Bravo se inventó su cielo y su infierno en la tierra; su cielo entre sus amigos que no podían vivir sin ella, su infierno en el reto cotidiano de salir a la calle a ver, asumió todos los peligros, todas las dificultades, los sufrimientos y las soledades;

aceptó los desafíos, el "qué dirán", brincó todos los charcos, fijó las texturas de la miseria, y sobre todo derribó obstáculos. Se vio a sí misma tal y como era; una joven mujer hermosa y libre. Decidió que a esa joven mujer no le iba a amarrar las manos ni a cerrar los ojos. Tampoco sepultaría su sensualidad. La dejaría cabalgar como lo soñó una noche en que se vio en un campo de trigo maravilloso de metro y medio de alto convertida en una yegua blanca, sus crines y su cola a la altura del trigal y se regodearía en aquella sensualidad del trigo sobre sus belfos, entre sus ancas, encima de su piel de yegua feliz, la yegua más bien hecha del mundo.

EL DIA QUE ABRI EL OJO, ME DOLIO MUCHO

—Yo soy de Lagos de Moreno, Jalisco, me apellido Martínez de Anda pero se me quedó el nombre de Alvarez Bravo y todo el mundo me conoce así. Me separé de Manuel y sólo me divorcié quince años después porque siempre pensé que los papeles no servían para nada: "Bueno pues yo qué me voy a procurar papeles, a mí los papeles me vienen un cuerno". Sólo cuando Manuel se empezó a casar y a casar y casar y casar porque ya ves cómo le gusta eso de la casadera, nos separamos legalmente. Manuel era muy mujeriego y a mí me educaron muy mal, siempre en colegios de monjas, en el Francés, en el Teresiano, en el Sagrado Corazón y allí me enseñaron todas las mentiras que le enseñan a uno; un hombre es nada más para una mujer y una mujer es nada más para un hombre, esto es así y esto es asá, y cuando al salir te enfrentas a la realidad de las cosas, es como si te dieran veinticinco mazasos en la cabeza. Yo conocí a Manuel y a todos sus hermanos cuando los dos éramos niños y desde chicos nos quisimos todos, tanto es así que su mamá murió en mis brazos. La familia de Manuel era terriblemente pobre, su mamá tenía muchos hijos y alquilaba piezas. Manuel empezó a trabajar muy chiquillo y sus hermanas también pero iban a jugar con nosotros y yo me complementé mucho con ellos y con Manuel me sentí completamente en mi lugar. Empecé a desenvolverme, teníamos gustos iguales, pasábamos muy buen tiempo, pero yo era muy idiota, porque desde casados a Manuel le encantaron las mujeres.

—Pero eso habla a su favor.

—Sí tienes razón, pero mira yo era muy idiota porque había veces ¿verdad? una vez íbamos en un camión los dos sentados y me dijo: "Mira qué guapa muchacha. Está muy buena para que le haga yo un retrato ¿verdad?". "Ay sí, le dije, pero ¿no se enojará? Si quieres yo le digo". "No, me dice Manuel, mejor tú bájate del camión, te vas a la Lagunilla y allí nos encontramos y si no, nos vemos en la casa". Me bajé del camión y ahí voy muy contenta. Es que yo tenía una confianza en él tan horrible como no tienes idea. Después me decían los amigos: "¿Qué eres bruta o te haces?" y les decía: "Pues no sé. Tal vez soy bruta ¿verdad?".

—El día que abrí el ojo me dolió mucho. Ese día sí, haz de cuenta, como el venadito herido de Frida, así me quedé.

"TU MUEVELE, NOMAS MUEVELE"

—Recién que me casé con Manuel nos fuimos a Oaxaca donde vivimos desconectados de todo el mundo. Manuel ya tenía su camarita. Compramos unas cazuelas que allá les llaman "paxtles", les hicimos unos agujeritos para lavar los negativos y alquilamos un cuartito feísimo y lo convertimos en nuestro cuarto oscuro. Manuel me tenía de chícharo. "Lávale, sécala y muévele". Lo único que oía yo de él era: "Tú muévele, nomás muévele". Después de dos años y medio dejamos nuestro famoso cuarto oscuro y nos venimos a México porque ya iba a nacer nuestro hijo Manuel. Fue cuando yo empecé a conocer a Villaurrutia, a Julio Castellanos, a Pepe Gorostiza, a Juan de la Cabada, Rufino Tamayo y a María Izquierdo. Conocer a esa gente, es lo que yo tengo de deuda con la vida, ese privilegio, aunque al principio sólo me animé a escuchar sin decir palabra. Xavier Villaurrutia, tan cáustico, tan esotérico me daba miedo. Me la pasé muda como dos años aunque todos se mostraron tan cordiales, tan cariñosos con nosotros que más tarde nos convertimos en grandes pero en grandes amigos. Ellos buscaban a Manuel para pedirnos alguna foto. Tamayo venía casi a diario, Julio Castellanos, Villaurrutia también y José Clemente Orozco nos pedían también alguna cosa de fotos y con ellos adquirí lo que yo considero la riqueza de mi vida porque al ver que algunos además de genios eran grandes seres humanos, me hice espiritualmente rica y nunca más volví a preocuparme por la riqueza. Conozco a personas que me dicen: "Qué guaje eres, deveras Lola porque no tienes dinero y podrías ser rica porque has conocido a la gente más importante de México", ¿qué dinero podría darme la felicidad que me dio el trato con ellos?

YO CREIA QUE SOLO FUNCIONABA A TRAVES DE MANUEL

—Mira, yo le ayudaba mucho en la cosa de laboratorio a Manuel porque estuvo enfermo y se pasó un tiempo sin poder trabajar. Como estábamos brujas, conseguí una chamba de artes plásticas en la Secretaría de Educación y Julio Castellanos y Julio Prieto y Agustín Lazo me ayudaron a prepararme.

—Mira Lola, das la clase así y asado y dices esto y lo otro.

—Tuve que presentarme al examen y, cuando yo llegaba a la casa de dar la clase, como Manuel estaba muy malo me decía:

—Métete al cuarto oscuro y métete a revelar y a hacer copias. Yo lo hacía pero lo consideraba a él siempre como lo sigo considerando hasta la fecha, arriba de mí y no me daba cuenta de que yo también podía hacer las cosas. Cuando me separé de él, yo no sabía que estos cinco dedos ni que esta mano podían servirme de algo, yo creí que sólo funcionaba a través de él.

LA NIÑA Y LA MUERTE

—Pues fíjate que yo quisiera tener amistad con él pero no sé si él me tiene rencor o miedo o respeto, no sé, es muy raro porque lo conocí cuando estábamos los dos muy chiquillos y jugamos mucho juntos y se juntaron nuestras dos familias, bueno la mía no tanto porque a mí se me habían muerto mis papás. Mi mamá murió cuando yo tenía tres años y mi papá me tuvo muy consentida. Hubo una época en que ni siquiera iba a la escuela para estar siempre con mi papá y me pusieron un profesor en la casa y así me hice mimosísima, muy cariñosa. Mi papá se murió en un tren viniendo de Veracruz; se nos quedó muerto en lo más alto de Mil Cumbres y yo me quedé en el gabinete del tren sentada frente a él y de repente nomás vi que se hacía así y se caía. Yo no sabía qué era la muerte ni me sospechaba nada de muerte, ¿verdad? y sólo le jalé la bata preguntándole: "¿Qué quieres? ¿Qué quieres?". Me entró miedo y bajé corriendo del tren pero no le avisé a nadie porque todo se me borró, ni vi a nadie, ni gente ni nada pero los que me habían visto me siguieron:

—¿Qué le pasa a esta niña?

Yo tenía nueve años y se había muerto mi papá. Me encerraron en otro gabinete y yo seguramente lloraba como loca porque nada más recuerdo que me decían:

—Cállate, cállate y cállate.

Perdí la noción de todo y hasta los tres días volví a la realidad y esta fue terrible porque tuve que vivir con gente rígida y áspera, una cuñada que hizo que mi vida cambiara radicalmente.

¿TE IMAGINAS QUE COSA TAN DISPAREJA?

—Cuando me casé con Manuel empecé a ser otra, yo estaba muy feliz, muy encantada y creí que yo era un dedo o una pata de él o alguna cosa así, creí que si alguien te decía, te amo, era porque te amaba ¿verdad? y que si no, te decía: "Mira ya no te quiero, adiós, ai nos vemos", pero no me lo dijo sino que me fui dando cuenta que era un super tenorio y un super tenorio bastante descaradito y dije no, hasta aquí ya estuvo bueno porque además yo ya había llegado a conocerme, a saber lo que yo quería y podía aguantar y hay algo que no puedo compartir y ese algo es la gente y le dije:

"No pues las cosas ya llegaron a lo duro, yo ya me voy. No Manuel, mira yo ya me voy".

Después hubo un intento de reconciliación. Manuel me dijo, fíjate qué chistoso:

—Mira Lola, tú dejas tus chambas, no vuelves a trabajar, sales una o dos horas a la semana a comprar lo del mandado y dejas a todos tus amigos.

Le respondí:

—Muy bien ¿a cambio de qué? ¿Tú vas a dejar todo?

—Ah no, yo seguiré haciendo lo que me da la gana porque para eso soy hombre.

Le respondí:

—Mira Manuel como eso ya sé que no lo voy a aguantar, mejor allí la dejamos.

¿Te imaginas nada más qué cosa tan dispareja? ¿Verdad que parece inconcebible que un hombre tan extraordinario, tan inteligente y valioso como Manuel sea así? Fíjate nada más, proponerme semejante tontera. Y es inteligentísimo, tú lo has tratado, yo lo admiro mucho como inteligencia, como artista, y te digo un secreto, lo amo todavía pero en mi panteón particular. Tengo un panteoncito aquí adentro, donde toda la gente que he querido y me hace algo, la entierro. Por eso yo admiro a las parejas de hoy que saben vivir sobre una base de extraordinaria confianza el uno en el otro, de sinceridad, de seguridad mutua: parejas en las que el hombre y la mujer cada uno se desarrollan en su campo como la de Luis y Lya Cardoza y Aragón, Carito y Raoul Fournier y otras.

TINA MODOTTI BUSCABA LO BUENO DE LOS DEMAS

—Con Manuel Alvarez Bravo se inicia la fotografía moderna de México. El funda una escuela de fotografía muy madura, muy importante que trasciende fuera del país.

Weston se fue pronto de México y Tina Modotti no acabó de realizarse. Ahora que escucho la opinión de los fotógrafos jóvenes siento que desgraciadamente tienen razón. Tina es más leyenda que fotógrafa; los jóvenes ven la obra fríamente y no les conmueve, Weston, en cambio, abrió las puertas a un mundo totalmente distinto. A Tina, la vida no le dio el tiempo de trabajar más aquí en México y de robustecer su obra. No fue falla de ella, como fotógrafa, fue falla de la vida. Tina en mí influyó mucho. Cuando tomo una foto y la revelo, voy viendo cómo va saliendo y digo: "Ay qué bonito viene, que no se me empañe este blanco, no vaya yo a perder la transparencia" y estoy dale y dale, muévele y muévele a la cubeta y cuando la meto en el fijador es cuando me doy cuenta, "qué bonita me quedó" o "qué mal, no me gustan los blancos, voy a volver a hacerlo" y otra vez a muévele y muévele. Tina Modotti era muy benévola en sus juicios, muy estimulante; buscaba lo bueno de los demás. Al ver una foto decía: "Ah qué precioso te salió este blanco". "Ah, este muro tiene varias texturas, está muy logrado". Sus críticas eran positivas.

PREFIERO BAILAR A QUE ME BAILEN

—Cuando yo estaba recién separada de Manuel, Héctor Pérez Martínez me llamó y me dijo: "Oiga Lola, yo quiero que venga aquí a la Secretaría y me diga qué sirve de fotografía y qué no sirve de las muchas cosas que hay aquí en Educación para que lo que no sirve lo pueda yo tirar porque no sé para qué están todas estas cosas.

Yo le hice un inventario, listas y listas de montones de fotografías revueltas y le dije:

—Mire Héctor, todo lo que está de este lado es útil, todo lo que está de aquel no sirve para nada.

Y me respondió:

—Muy bien, hágame favor de decirme qué es lo que le hace falta porque desde ahorita está usted trabajando conmigo.

Empecé a temblar de arriba abajo y esa noche tomé mi primera fotografía en la Secretaría de Educación en una feria del libro. Yo era muy insegura. Mira, cuando tomé mi primera fotografía, yo, yo solita, me tuvieron que detener los brazos Julio Castellanos y Julio Prieto de tanto que me temblaban. Tenía yo unos nervios y un susto como no te imaginas. Lloraba yo de los nervios pero me impuse, tenía la necesidad de sobrevivir y además te confieso que desde chica con mi padre, pensé que yo tenía que hacer algo que no fuera común y corriente aunque me educaron muy mal, me educaron para todo lo inútil, para servir el té, poner los mantelitos y tuve un momento de rebelión cuando quisieron que aprendiera piano y les dije:

—No, eso de irles a tocar a fiestecitas de mensa y toque y toque mientras los otros bailan, no, yo prefiero bailar.

Así empezó mi carrera. Llegué a ser Jefe de Fotógrafos de la Secretaría de Educación gracias a Héctor Pérez Martínez y siempre fueron muy atentos conmigo. López Mateos, presidente, se atravesaba para saludarme, Echeverría también, todos, todos, todos.

ERA UN BURRO VENDADO, AHOR SOY UN BURRO SIN VENDA

—Pues ya viste cómo vivo, sabes, lo que me da una gran satisfacción es haberme sabido bastar a mí misma, cosa que no se estilaba en mi época. Para mí es motivo de orgullo saber que vivo de mi trabajo, que nunca comercié con nadie ni con nada, que lo poco que tengo es porque me lo gané. En algunas ocasiones cuando me encuentro a Manuel Alvarez Bravo en alguna exposición, cuando él cree que estoy desprevenida volteo y veo que me está observando y no acabo de saber lo que piensa. Creo que Manuel pensó: "Esta nunca va a poder vivir por sí misma" porque yo era un burro vendado. Ahora soy un burro sin venda, al menos eso. Tamayo decía que parecía yo una monja de joven y en efecto me bajaba el vestido hasta el tobillo y cuando todos iban a algun cabaret, Manuel decía: "Ah no, primero voy a dejar a Lola a la casa porque Lola no entra allí" y yo así mensa, mensa, porque ya te digo dizque a mí me habían educado muy bien, pero lo que más me satisface es que Manuel pensara: "Esta fiera no va a poder vivir sin mí", y ahora tenga que decirse a sí mismo: "Pues sí, pues ya pudo vivir sin mí". Qué bueno que tuve tantito seso y tantita capacidad, ¿verdad?

BLUE LADY

En alguna exposición de pronto aparece Lola Alvarez Bravo con sus perlas barrocas al cuello, unas perlas con un oriente parecido al de su pelo blanco perfectamente peinado y cubierto de reflejos azules que la hace parecer un personaje imperial de la corte de los zares, alguna gran duquesa altiva y atildada. En los Estados Unidos, la llamarían "Blue Lady". Resulta que además de su natural distinción, Lola Alvarez Bravo es un ser cálido y querendón, repleto de anécdotas sabrosísimas: una mujer trabajadora que ha sabido bastarse a sí misma cuando en su época la mayoría de las mujeres se colgaban de sus maridos como la miseria al mundo. Testigo de la mejor época del arte en México, la de los treintas, cuando Diego Rivera se subió a los andamios, Orozco empezó a lacerar los muros con sus pinceles airados y Eisenstein filmó *México, México*, Lola Alvarez Bravo los conoció a todos; a Orozco y a Siqueiros, a Villaurrutia y a Pellicer, a Weston y a Tina Modotti, a Juan de la Cabada, a José Gorostiza, a Gilberto Owen que le leyó la buenaventura, a Rufino Tamayo y a María Izquierdo, a Gabriel Fernández Ledesma y a Isabel Villaseñor. Lola empuñó la cámara que Manuel le había enseñado a manejar al tenerla de chícharo y se lanzó "con mucho miedo" a buscar en la calle "las fotos que regala la vida".

51

AL PRINCIPIO NADA MAS ERA DIEGO Y DIEGO, PURO DIEGO

—Tamayo era la alegría misma y Orozco reaccionaba con amargura y rencor. Orozco no tenía la euforia de los otros, era un poco berrinchoso. Huraño, siempre tenía una mirada como si te traspasara, parecía estar buscando algo detrás de ti, un paisaje o una figura o algo en que él estaba pensado, tenía una mirada rarísima, tú le estabas platicando y el traspasándote. De repente se enojaba. Recuerdo que un día le dije:

—Oiga usted, don Clemente, fíjese que fui a la preparatoria y estoy muy triste, porque está todo rayado, sucio, horrible. ¿Qué no sería bueno que usted mismo dirigiera el retoque de los frescos en la preparatoria?

Y me respondió:

—No, de ninguna manera. Al contrario, Lola, yo voy a juntar dinero y le voy a pagar a usted para que tome fotos de los rayones y los malos tratos para que se den cuenta que estamos viviendo en un país de salvajes, de analfabetas.

—Es que si usted los resana, don Clemente, podríamos tomar fotos de los murales en buenas condiciones.

Se soltó hecho un energúmeno. Yo nada más me quedé así. El no lo quiso y tenía razón porque para él ha de haber sido un golpe ver un trabajo tan extrordinario, hecho pedazos, cubierto de porquerías, chorreado, golpeado a navajazos.

Como Orozco no tenía la habilidad publicitaria de Diego, se encerraba con su rencor. Diego hubiera encontrado algún truco para atraer la atención del público pero Orozco era más cerrado en su genialidad. Orozco siendo un pintor más profundo más dramático no logró que la gente lo entendiera tan pronto como entendió a Diego, porque a Diego lo rodeaba el rumor público, la propaganda. Yo creo que a Orozco siempre le dolió que no lo reconocieran tan rápidamente y no lo subieran tan aprisa. Al principio nada más Diego y Diego y Diego y Diego, puro Diego.

Tamayo parecía un muchacho travieso, un niño de secundaria. Le encantaba ir a las ferias, a los puestos, a jugar lotería a

San Juan de Letrán, corría entre la multitud y les ponía colas de papel a muchachos y muchachas, era muy cantador, muy bailador, muy simpático. En esa época todos andábamos brujísimas y poníamos nuestros chequecitos en comunidad, para que nos alcanzara a todos, a ver a qué nos alcanzaba. Creo que esas épocas fueron muy pero muy, muy bonitas. Xavier Villaurrutia tenía que trabajar en mil cosas adicionales ¿verdad? para cubrir su presupuesto y era un individuo pues con su vida económica medio solucionada y con todo y eso no alcanzaba. Era una fiebre muy bonita y además muy contagiosa, se iba extendiendo, extendiendo a todo, también al teatro, al Orientación y después al Teatro Ulises y el que fue de Xavier de Lazo, de Julio Bracho con Isabela Corona. Surgían y surgían grupos, ¿cómo?, quién sabe, de milagro porque presupuestos no había y todo el mundo trabajaba y vino un florecimiento magnífico, el de la revolución intelectual en México. Antonieta Rivas Mercado era la del dinero y Xavier y Novo y Rodríguez Lozano y Henestrosa la buscaban, era la Mecenas, la rica, con presencia pero ella, en sí, lo único que tenía era la efervescencia de los que la rodeaban, ve tú a saber cuál era su chiste porque yo no la traté.

Manuel Rodríguez Lozano era muy atractivo y guapísimo, muy inteligente, un conversador extraordinario y un coqueto pero innato, de una gracia y de una agilidad de conversación magnífica. Después sí, ya se puso muy malo y le vino una decadencia horrorosa, pero era un hombre de mucho jalón, muy atractivo, muy, muy, muy atractivo, pero mucho, no sabes cuánto. Nahui Olín se perdió por él cuando lo vio en las filas y se lo pidió de regalo a su papá el general Mondragón y se casó con él. El matrimonio no duró, pero óyeme tú, qué pareja, qué pareja sensacional. Rodríguez Lozano no tenía ni un centavo. Fuera de Antonieta, todos pránganas, pránganas. Era una vida muy apasionante y muy productiva, todo el mundo con una gran pasión por hacer, grandes pasiones, nadie hacía nada por dinero, Diego ganaba poquísimo, pintando murales, casi nada, apenas si para los albañiles y para medio sobrevivir, compraba ídolos eso sí. Lupe se enfurecía y le rompía los ídolos y le gritaba:

"Ahora traga tepalcates". Siqueiros iba muchísimo a la casa y fíjate, siempre le encantaron los niños y jugaba durante horas con mi hijo Manuel. Siqueiros era amigo de una mujer hermosísima de Uruguay, Blanca Luz Brun. Se fueron a vivir a Taxco los dos y me invitaron con Manuel. Blanca Luz tenía un niñito de cinco años ¡hermosa criatura! y el niño quería más a David que a su madre y ella encelaba y le decía:

—Niño, no seas atorrante, deja a David.

Ese niño tenía un triciclo y con él todo lo embestía; vitrinas, ventanales, vidrios, todo. Siqueiros estaba muy bruja y vendía muy barato y no le duraba el dinero ni dos horas porque a todos se lo repartía. Vendía un cuadro y después de pagar los destrozos del niño le decía a Blanca Luz: "Bueno ¿qué quieres que te compre?". Blanca Luz quiso una silla de montar preciosa. La compraron y una vez en la casa se dieron cuenta que no tenían caballo, ¿para qué querían la silla de montar? Siqueiros dijo que pintaría otro cuadro para comprar el caballo. Pintó, compraron el caballo y luego no tenían dónde poner el caballo. Eran loquitos pero era una felicidad tan fresca, tan bonita, como no tienes idea. Vivía uno muy contento en Taxco. En esa época empezaba a renacer la platería porque William Spratling hizo que los talleres volvieran a funcionar, empezó con hoja de lata, enseñó a hojalateros, se hicieron candelabros y candeleros, espejos y charolas, después muebles, telares, platerías, joyerías y así fue resucitando Taxco. Un pintor español Francisco Miguel también se instaló en Taxco y doña Berta, la gran Berta, puso un cuchitrilito como de dos metros de largo por uno y medio de ancho con una banca en la calle y sobre esa mesa-banca empezó a servir sus dichosas Bertas, tequila con mucho limón, azúcar y hielo y así nació el gran capital de doña Berta. Todas las noches de calor íbamos a la banca de doña Berta a platicar. Doña Berta era una señora de pueblo vivísima y al rato en su pedazo de calle ya no cupo la gente y ahora se ha hecho riquísima. Fue entonces también cuando empezó en Taxco el negocio de las casas. Natalia Scott compraba casas en cinco mil pesos, las medio remendaba, las blanqueaba, las adornaba eso sí muy bonito, una viguita por aquí, una ventanita por allá, tres o cuatro escaloncitos y a venderla y aunque ella ganó dinero también le dio muchísimo a Taxco. Empezó a llegar una cantidad bárbara de turismo y los norteamericanos hacían en Taxco unas fiestas pavorosas, tanto que una vez se les quedó una gringa muerta en una silla y no se dieron cuenta de que había muerto sino al día siguiente cuando entraron a barrer.

LUPE MARIN, LA FIERA MAS DIVINA

—Lupe Marín era una mujer única, haz de cuenta la fiera más divina que puedas encontrar. Además toda terrenal, toda intuitiva, toda pasión, toda directa y onírica. Lo que soñaba para ella, eso era, aunque fueran disparates. Lo que en la noche había soñado, ella lo hacía al día siguiente. Después se arrepentía y lloraba pero ya lo había hecho. Puros disparates pasionales hacía, porque en ella, todo era pasión. Había un muchacho que andaba muy enamorado de ella y me llamó:
—Vente a comer.
Fui:
—Ay, estoy furiosa.
—¿Por qué?
—Por este desgraciado.
—Bueno, pues ¿qué te hizo?
—Es un degenerado.
—Pero ¿por qué es un degenerado?
—¿Qué crees? Viene a comer, le doy para el camión y le dije que me fuera a comprar allá a la esquina una botella de salsa de tomate y qué crees que me dijo que no. ¿No se te hace que eso es ser degenerado?
Todas sus conclusiones eran así de pasionales. Era una mujer desbordante del todo, guapísima, hermosísima, con una cabeza maravillosa. La belleza de su cabeza en poca gente la he visto, la fuerza que tenía en la cara y en los ojos. Era muy simpática, buena amiga, muy ocurrente para platicar, muy chistosa, pero si una noche soñaba algo malo de ti o contigo, pues te odiaba al

día siguiente; era terriblemente peligrosa. Porque un día te quería y al otro, te insultaba.

Ibamos mucho a verla Carmen del Pozo y yo a un cuartito donde cosía arriba; allí guardaba sus tiliches y todo.

—Vénganse aquí a platicar mientras yo coso porque tengo que acabar este vestido para mañana.

A Carmen del Pozo le hizo muchos vestidos divinos. Allá íbamos con ella a sentarnos las dos.

Ahorita vengo, voy al teléfono o voy a hacer café, quién sabe qué dijo.

Nos la encontramos a los tres o cuatro días en una exposición.

—Ay, verdaderamente estoy furiosa porque me robaron un anillo, y ésas no pudieron haber sido más que Carmen del Pozo o tú.

Después lo encontró.

—Fíjense que me saqué el guante y allí va a dar el anillo. Se había caído en el guante. Ja, ja. Ya lo encontré, me equivoqué, no se enojen.

Ya qué le íbamos a hacer. La gente le tenía mucho miedo, sobre todo los ministros o banqueros de ese tiempo porque no tienes idea de cómo los ponía. Les decía horrores y luego por carta se los escribía porque era su especialidad escribir cartas. Cuando las mandaba, ya la carta se la había leído a todo México. Entonces los pobres hombres le tenían un miedo horrible a sus insultos horribles de mamás y de que sus mujeres eran unas prostitutas y si no unas idiotas. Una vez supo de una esposa de un ministro que había dicho que ella era una prostituta y al primer encuentro se le paró enfrente al ministro y le dijo:

—Pues mire, el que es un tal por cual es usted. Y más prostituta que yo, su mujer. Porque si usted sopla, me imagino que todas las noches (nada más que con otras palabras, yo te lo estoy suavizando) hará el amor con su mujer, entonces quiere decir que quién sabe cuántos metros de quién sabe qué le mete usted a su mujer. Entonces ¿quién es más prostituta, usted, su mujer o yo?

Diego, cuando se enteraba se moría de risa.

Lupe andaba siempre por la calle, camine y camine, blandiendo su paraguas. Agarraba a sus críticos a paraguazos. Las niñas eran muy niñas de nueve o diez años, y Lupe las corría:

—Ay tú, ya corrí a mis hijas.

—¿Por qué?

—Porque son unas prostitutas. Fíjate que me hicieron pedazos esta tela.

Y allá iban las pobres niñas a dos calles a la casa de su abuela en la cerrada de Salamanca. Allá iban con un quimilito en un paliacatito. Al rato hablaba Lupe:

—Madre, ¿ahí están mis hijas?

—Sí.

—Bueno, no les digas que las llamé. Yo no te las mandé. Se fueron porque son unas prostitutas. Adiós.

Y colgaba.

De todo las regañaba y las corría. Las niñas iban y venían, Lupita y Ruth. A Lupita le decía:

—Lupe, a mí verdaderamente me da vergüenza decir que eres mi hija, tan albóndiga, tan timbona, tan horrorosa, ¡ay pareces bodoque, qué bodoque de hija tengo! tan de mal gusto, que no te dejas vestir bien, eres un espantajo.

A Ruth la quería más pero de todas maneras la regañaba y la corría, al que sí de plano no soportó nunca fue a Antonio, a ese si no, ni ocho días pudo aguantarlo en su casa. A ése pobre, le fue de la patada.

En ese tiempo la gente era muy sincera, nunca a un mamarracho le decían que era un genio. Lo animaban: "Vete a estudiar, vete a pintar o ponte a escribir". Pero nunca le decían: "Eres genial". Excepto Salvador Novo que de repente se echaba una gran vacilada, todos los demás te apoyaban de veras porque veían en ti algo. México era extraordinariamente útil, fértil, acogedor. Los grupos se hacían con mucha facilidad y daban mucho. Podías tú aprender, como México era chico era muy fácil convivir, platicar, además ninguno presumía ni de genio ni de gran director. Todos se comportaban como gente común y corriente. La comunicación era muy fácil; ibas a casa de uno y te encontrabas a otro y a otro y a otro. Venía un extranjero e inmediatamente lo conocías; había más colaboración entre toda la gente y menos envidias porque nadie peleaba por el dinero. Hoy, es el dinero el que ha acentuado la pugna en todos los terrenos. Antes no había distanciamientos.

ES MUY FEO DECIR LASTIMA

—Weston le hizo un retrato a Nahui Olín estupendo como corajienta, desamparada, como si se fuera a enajenar de repente. Tenía una vida interior de lo más rara y eso lo captó Weston. Al último se volvió loca. Diego de Mesa y Juan Soriano insistieron mucho en que los llevara a la casa de Nahui Olín en Puente de Alvarado. Salió un perro horrible, lanoso, ciego, de lo más impresionante. Nahui lo adoraba porque la habían querido asaltar y el perro la defendió. Después Nahui nos pasó. A Juan y a Diego los previne:

—Por favor, les ofrezca lo que les ofrezca aunque sea coca cola que ustedes vean que destapa allí mismo, no tomen una gota de lo que les sirva Nahui.

Siempre decía que tenía sus bebedizos para tener a todos los hombres y a todo el muundo a sus pies y que tenía sus menjurges y sus hierbas y andaba rezando: "San Martín Caballero trae al hombre que yo quiero" y quién sabe qué. Empezamos a platicar y le pido:

—Oye Nahui, enséñanos los retratos que te hizo Weston.

—Esas porquerías ¿cómo quieres que te enseñe esas porquerías? Ahora verás, te voy a enseñar retratos de a deveras buenos.

Abre un arcón y saca dos revistas, yo creo que era un Jueves de Excélsior o vete tú a saber qué, unas fotos de ella de bebé, y otras picaronas, alzándose el vestido como de cancán, ella volteada para atrás levantándose las enaguas, enseñando el trasero, como las coristas, bueno, unas vulgaridades de fotos. Le pregunté:

—¿Qué tal tus cuadros?

Nahui hacía unas pinturas "naif".

—Estoy esperando que me manden un cable de España porque los reyes quieren inaugurar una gran exposición mía. Yo nada más digo cuándo y ya me voy, ¡qué bueno! porque los de aquí no entienden nada ni saben nada.

—¿Y te vas a ir a Madrid?

—Sí, porque además allá me está esperando mi amor.

—¿Sí? ¿Y quién es tu amor?

—Vengan. Nos mete a una pieza y nos enseña una sábana de cama matrimonial colgada de la pared con un mono de este tamaño que ella había pintado, horrible, horrible, con trusa, todo encuerado, nada más la trusa, forzudo, con los conejos, horrible, pero los ojos verdes, verdes, verdes con sus pestañotas tiesas y la boca así de corazón eran de Nahui. Era todavía más impresionante el orangután ese con los ojos de Nahui.

—Como ven, él todos los días viene y me acompaña. Yo lo descuelgo y duermo con él, me tapo con él y me cuida. Mira, yo me enamoré mucho de él y él de mí pero se tuvo que ir. Entonces nos fuimos a Veracruz y salió en su barco porque él era marinero y yo me quedé en el muelle sentada en el malecón y se fue el barco y de lejos se despedía de mí, me mandaba besos. Ya me escribió que el Rey de España me está esperando. Yo voy a ir con mi exposición y nos vamos a casar.

Luego nos dice:

—Porque yo todo lo sé. Ahora verán lo que yo hago.

Cierra las persianas y saca un jarrón de este tamaño como de talavera antigua lleno de focos y nos dice:

—Ahora verán, fíjense muy bien en lo que yo hago. Saca un foco y lo talla con otro, le hace así, pun, pun, pun, pun, y empiezan a salir chispas, una cosa horrorosa.

—Ya ven, ya ven mis fuerzas. ¿De dónde creen que son mis fuerzas? La fuerza cósmica que tengo me la manda el sol.

Y nosotros, mira, abrazados los tres del terror en la oscuridad, mientras ella ¡pun, pun, pun!

—Lo único malo es que aquí los vecinos son terribles. En la mañana el sol tiene que defenderme, baja a regañarlos y me protege porque los muchachos me avientan de pedradas. El sol se viene a platicar conmigo, me hace cariñitos, se acuesta en mi cama, me da consejos, platico con él y ya me ha dicho que sólo por mí no destruye México, si no ya habría echado a volar en mil pedazos a los muchachos porque todos son unos malvados.

Dice Diego de Mesa en voz baja:

—Oye, ya vámonos porque vamos a salir más locos que ésta.

Juan, como es perverso, se quería quedar a ver qué más hacía la Nahui, hasta que ella se le echó encima con una de sus luces y por poco y lo deja ciego.

Nos fuimos espantados.

Le perdí la pista mucho tiempo hasta que una vez me la encontré en el elevador en Bellas Artes.

—¿Qué tal Nahui, cómo estás?

—Yo bien.

—¿Qué estás pintando?

—Oye, me haces favor de no burlate de mí.

—¿Cómo burlarme de ti?

—¿Ah no? Sabes que yo vengo a ver a Carlitos.

Era Carlos Chávez.

—¿Sí? pues qué bueno, allá vamos, yo también vengo a verlo.

—Sí, porque va a poner una sinfonía que yo escribí. Nada más que yo como todo lo hago intuitivamente porque me nace, lo tuve que escribir con letra, entonces pongo do, do, re, re y mi fa sol y, Carlitos que es tan gentil me va a escribir las notas para todos los músicos, las trompetas, los cornos, los violoncellos, los violines...

—Sí, sobre todo los violines...

—Aunque no lo creas, Carlitos va a poner mi concierto; lo va a tocar la Sinfónica de Bellas Artes.

—¡Ay qué bueno, Nahuisita!

Te conmovía tremendamente ver a esa belleza tan extraordinaria, hecha un verdadero andrajo. Nahui era alguien que te daba... no lástima, es muy feo decir lástima... te daba amor, hubieras querido que no le pasara nada. Te daba tristeza que llevara esa vida tan dura porque cayó de a tiro feo. El Dr. Atl todavía preguntaba por ella. "¿Ha visto usted a Nahuita?". "Sí, doctor". "¿Y qué dice?". "Que es usted muy mula". No lo quería nada, ni a Manuel Rodríguez Lozano, pobrecita, decía que los dos eran basura. Bueno, Manuel no era basura pero pintaba basura. Hubo una temporada en que a Nahui le dieron un chequecito de cualquier cosa, de ochenta pesos o de lo que tú quieras en Bellas Artes, tal vez vitalicio, y con eso comía en un comedor para indigentes de Salubridad, creo, o en una cocina pública de esas de a cincuenta centavos, que les dicen económicas pero a Nahui no le alcanzaba ni para la comida corrida, puros frijoles y atole.

Entre el Güero Fournier, Diego Rivera y no sé quién más, creo que Misrachi aunque ése bien codo, le compraban sus cuadros para ayudarla pero después ya no los quiso vender porque iban a viajar a la exposición de los Reyes.

Una vez andábamos en el Leda en un fin de año y Nahui se prendó de Obregón Santacilia. Y el pobre de Obregón Santacilia no sabía qué hacer porque ella colgada de él quería bailar con él tan estirado y se le aventaba y el pobre nada más volteaba a pedirnos auxilio, pero nosotros de malvados nos hacíamos los desentendidos.

Obregón Santacilia no era de los asiduos, nosotros íbamos jueves, viernes, sábado, domingo y lunes. Venían Diego y Juan y me gritaban desde la calle como si fuera yo kalantana:

—¡Lola!

—Ya me acosté, ya estoy dormida.

—Levántate, vamos al Leda.

—Bueno, ahorita bajo.

Nunca me hice del rogar. Me arreglaba tantito y ya íbamos.

En el Leda, te encontrabas a todo el mundo; era de exposición. Te decían:

—Oye ando buscando a fulano, ¿dónde lo encontraré?

—Pues ve al Leda, el sábado.

Llegábamos todos después de la lata de los compromisos familiares. O de las cenas formales. Unos de cola, de largo, de alhajas, de quién sabe qué. Haz de cuenta que el Leda era nuestra casa, al grado de que si entraba alguno que no conocíamos, o algún impertinente que nos caía mal, le decíamos al dueño:

—Oiga Luis, ahí andan unos raros, yo creo que van a buscar borlote.

—¿Quiénes son?

— Aquellos.

—Háganse guajes, ahorita los mando sacar.

Y seguíamos nosotros felices. Al Leda vimos llegar a Dolores del Río con Orson Welles. Yo creo que de él sí se enamoró Lolita, no de Martínez del Río, ni de Cedric Gibbons, ni Nacho de la Torre, ni mucho menos del Indio Fernández tan machote y pistoludo. No te creas, Dolores tuvo sus liberaciones pero la tradición familiar y de costumbres siempre la mantuvo y le quedó así como cáscara, no se pudo deshacer de ella, sus liberaciones las tuvo pero muy medidas, muy discretas, muy furrisitas. Yo creo que a ella le importó más el qué dirán que el vivir y el crecer. En cambio, su prima María Asúnsolo no se cuidó nada, era bonita, bonita, bonita, tenía los pies más bonitos del mundo y los enseñaba, sus uñitas de porcelana, toda ella un bibelot y ¿qué le pides a un bibelot? Pues nada. Que adorne. Que se deje ver. Lupe Marín, en cambio, era una fiera viviente, verdad, que te arañaba y te mordía y te amaba, te hacía horrores, era atrabancada, te daba tus tarascadas, te mordía, te hacía cosas buenas, cosas malas, alguien llena de ímpetu, sus manos grandes muy buenas para las cachetadas. Pero lo peor era su boca de carretonera.

Lupe Marín iba mucho al Leda, un poquito menos que Juan Soriano, Diego y yo pero sí iba mucho y ella bailaba muy chistoso, como era tan grandota, bailaba como los danzantes de la Villa, arrastraba los pies zás, zás, zás, zapateaba en un mismo punto, dale y dale y como se jorobaba de tan grandota, se veía como conchero. Luego imagínate que a Rubén Salazar Mallén le dio por irla a enamorar al Leda. Entonces sí, era la diversión horrible, porque Rubén era como el Quasimodo de Nuestra Señora de París, era un borracho insufrible. Era muy amigo del Loco Ortega, de Salvador Toscano, del Chepe Alvarado, y ellos sí lo domaban pero nosotros, no. Un día también a ellos se les puso verdaderamente insolente y Alfonso Ortega dijo: "Ni modo, es un abuso pegarle a un hombre así de desconyunturado pero ahora verán, vamos a amarrarlo". Lo sentaron en una silla, lo ataron, le vendaron la boca, bajaron una cortina de la calle para que nadie lo viera y se fueron. A Diego, a Juan y a mí nos hacía groserías: pedíamos una coca cola y de repente Rubén enjuagaba en nuestro vaso sus dientes postizos y se los volvía a poner. Juan Soriano era un encanto precioso, pero muy cuete, cuetísimo, siempre terminaba comiéndose el aserrín de las cantinas a puños y luego cuando llegaba a su casa se colgaba de una cortina y su mamá lo bajaba a escobazos. De repente teníamos que venirnos del Leda, Diego de Meza y yo cuidándolo porque quería romper todos los aparadores de esas casas donde están los coches, los vidrios, y ahí nos tienes a nosotros deteniéndolo. Una vez por su culpa Diego de Mesa por poco y se muere en el hospital porque Diego siempre decía: "Vámonos Juan, vámonos Juan, vámonos Juan" y nada que se iban, y al fin se fueron y chocaron y un horror, todo por culpa de Juan que no se quería ir.

Era terrible Juan. Y muy talentoso. Siempre ha sido muy inteligentísimo y además muy, muy ingenioso. Otra cosa; le dio a muy buen tiempo por cultivarse, leer, estudiar y hoy es un individuo que sabe mucho. Vino bien burro de Guadalajara. Diego le enseñó todo. Ahora Juan se ha vuelto un místico y no le sienta nada bien, era más divertido antes, cuando era malvado. A mí me da lástima, a todo el mundo lo justifica, lo compadece y le da la razón porque mira, en Juan todo es de a deveras y todo es falso, muchas cosas las hace por pose. Juan norma su criterio con el de Octavio Paz. Todo lo que Octavio Paz dice está bien. Si él pudiera cambiarse por Octavio Paz sería feliz. En el fondo, creo que es un desdichado.

CHABELA VILLASEÑOR, UN CHUPAMIRTO; FERNANDEZ LEDESMA, UN ZOPILOTE

—Chabela Villaseñor era novia de Alfredo Zalce, también pintor, muy jovencitos los dos, daban clase en una escuelita por allá cerca de Texcoco y se venían juntos en camión y era un romance de los dos jovencillos, precioso. El Güero Zalce era guapísimo, pero guapísimo, no tienes idea, chamaco, chamaco pero le faltaba estatura, lástima, tan buen mozo y tan chaparro. Pero Chabela era todavía más guapa, sobre todo con un tipo maya extraordinario, y una gracia, parecía un pájaro, ¿tú la has visto peinándose en *Retrato de lo eterno* de Manuel, verdad? Además tenía un don de gentes extraordinario, todo el mundo la quería y la cuidaba como muñequita, como niña. Ella y el Güero Zalce tuvieron un disgusto tonto de esos que tienen los novios y se separaron y Gabriel Fernández Ledesma se enamoró de Chabela y ¡que se casan! con una gran diferencia de edad y una gran diferencia de sentido de la vida. Chabela era un chupamirto y Gabriel era como un zopilote, parecía cansado, como si ya se hubiera gastado, muy desganado. Esa diferencia entre él y Chabela se fue acentuando, acentuando conforme fueron ellos viviendo y creciendo. Chabela tenía un corredor con macetas, que la cola de borrego, que la colita de rana, que la yerbabuena, que el cebollín, que el epazote para los frijoles, que el toronjil, todas en hilera en el patio, a la mexicana. Las regaba en la tarde. Le gustaban las palomas, y en la calle buscaba en los puestos el aretito de carey con su palomita, la cadenita, y así, pero Gabriel empezó a quererla encerrar, yo creo que tenía celos. Todavía cuando Chabela hizo la película con Eisenstein las cosas iban bien, pero después de la película, Gabriel empezó a encerrarla y ella adquirió una cosa nerviosa rarísima. Se compuso cuando nació Olinka y se puso a dibujar y Gabriel tranquilo. De pronto a Chabela le dio por componer corridos con un sabor popular tan grande que superaba a Concha Michel; Chabela era un encanto en todos sentidos, pero cuando empezó ella a cantar sus corridos en las reuniones, de nuevo Gabriel se amarilló de los celos y otra vez a encerrarla. En una ocasión la fui a visitar y la encontré como catatónica, en la cama. No podía pasar comida y mala, mala, mala. Me dijo llorando:

—¿Crees que cuando estoy mala, Gabriel no llama a la gente, a un solo amigo porque dice que es cuando nada más soy suya?

Fíjate qué cosa, cuando Isabel estaba en la cama inválida era cuando Gabriel realmente la sentía suya. Entonces yo le dije a Gabriel:

—Yo veo a Chabela muy mal, yo creo que le faltan estímulos. ¿Por qué no se viene a mi galería de arte a trabajar?

—No, tu galería es de mala muerte.

Yo ni le contesté, sólo me dirigí a Chabela:

—Sí ándale, vente, me ayudas, mira vamos a ver a los pintores, recogemos cuadros, planeamos las exposiciones...

—Planean una chingada porque Chabela de aquí no sale —dijo el fino de Gabriel.

Pues salió.

Resucitó como una flor a la que le faltaba agua. Se puso alegrísima, feliz y contenta, bonita, bonita, cantaba de tan bonita. Cuando llegaba Rufino los dos se ponían a platicar, te acuerdas de este corrido, Chabela y de este otro, y luego que un tequilita. Apenas Gabriel la vio así le dijo que ya no la dejaba ir a la galería. ¿Tú puedes entender eso?

Con Gabriel, a Chabela a cada rato le daba el patatús. Yo le dije:

—Pinta, Chabela.

—No puedo.

—Sí puedes, pinta para entretenerte.

Pintó un cuadro muy bonito y le hablé a Norberto Aguirre Palancares y le dije: Mire ingeniero Aguirre, se trata de Chabela Villaseñor, si ve que luego luego compran su cuadro se va a entusiasmar mucho y va a seguir pintando. Cómpremelo.

—Sí cómo no, lo compro porque además me gusta mucho.

Pues se puso Gabriel hecho un demonio porque había yo vendido el cuadro de Chabela pero ni modo, ya estaba vendido. La hice que expusiera dibujos y cuadros en Guadalajara. Era jalisciense, Chabela. Y le dije: "Y mira Chabela, nos vamos a ir a exponer a Guadalajara, pero sin Gabriel para que te deje estar contenta, porque te empieza a regañar y te pones mala".

Gabriel se enojó:

—Oye Lola, pues se me hace muy rara esa invitación porque Chabela tiene marido.

—Pues sí, Gabriel, pero desgraciadamente no eres jalisciense, yo no tengo la culpa y a mí me dieron los boletos de pullman contados y si tú quieres ir, pues compra tu boleto, nadie te lo impide, pero la cuestión es que dejes ir a Chabela.

—Bueno pues la dejó ir y allá en Guadalajara, todo el mundo consintiendo a Chabela, que vamos a hacerle un pozole a Chabela, que Chabela cante, que Chabela baile y todos contentísimos. Iba José Luis Martínez, Alí Chumacero, Sergio Corona, bueno, un grupo de lo más bonito y todos en bola, y nos fuimos a la playa más hermosa de todo México, a Tenacatita pero a Chabela no la llevamos porque le dije a Emma Reyes: "Oye, no me atrevo a llevarla porque Gabriel me mata."

Regresa Chabela a México y que le dice:

—Ay Gabriel, fíjate que canté, me dieron una pozolada, me consintieron mucho, la pasamos estupendamente bien, qué feliz fui.

Y Gabriel se fue arrugando, arrugando. A mi regreso de Tenacatita, la llamé por teléfono:

—¿Cómo estás?

—Ay muy mala, muy mala.

—Pero ¿por qué muy mala?

—Fíjate que me siento muy mal y Gabriel está muy enojado porque dice que quién sabe cuántas cosas haríamos tú y yo en Guadalajara que regresé tan contenta.

Pasaron muchos días, creo que más de treinta y Clara Porset y yo no podíamos saber de Chabela porque Gabriel no la dejaba contestar el teléfono.

Total, me habla Clara y me dice:

—Se acaba de morir Chabela y Gabriel no deja entrar a nadie a su casa; está atrancado. A ver si tú consigues que te deje entrar.

Yo como soy muy aguerrida dije: "¡Pues si no, tiro la puerta, el zaguán, lo que sea y me meto por el hoyo pero yo me meto!".

Allá voy y estuve toca y toca y toca las horas hasta que oí ruido y grité:

—¡Gabriel, soy yo, ya sé lo que pasó, me abres o me abres!

Abrió desolado, parecía lechuza, me metió. Estaba Chabela acostada, muy acomodada, muy bien peinada, maquillada con sus flores, su vestido de tehuana y dos sillitas chiquitas así a los lados de la cama y en una de las sillas, Gabriel había sentado a Olinka chiquita y le dijo:

—Olinka, fíjate bien en tu madre para que nunca se te olvide porque es la última vez que la miras. Ya se murió.

Chabela se había sentido mal a las tres de la mañana pero Gabriel creyó que eran sus cosas de siempre. Yo creo que le dio un paro cardíaco, o alguna cosa así. Los demás empezaron a llegar, todos los amigos, Julio Bracho, Concha Michel, Clara Porset, bueno, un montón de gente, Racetti, este muchacho discípulo de Manuel y mío que la quería mucho y se puso un cuete horrible y empezó a gritar por los pretiles de la azotea, su botella en la mano. Decíamos: "Se va a caer, se va a matar". Toda la gente llore y llore, montones de gente, la casa llena. En eso llega Rodolfo Ayala de Cuernavaca que también la quería mucho con una botella de whisky adentro y otra afuera del cuerpo y un montón así de juguetitos de barro y casitas de muñeca que le gustaban mucho a Chabela; ya para entonces Chabela estaba en la caja, y él que abre la tapa, se las avienta como lluvia y le dice:

—Toma Chabela, toma lo que tanto te gustaba, no tuve la generosidad de dártelos cuando vivías, pero ahora ¡llévatelas, llévatelas!

Pegaba de gritos, lloraba:

—¡Ahorita voy a comprarte todas las flores de México!

Yo me le acerqué:

—No seas loco, estate quieto, ¿no ves que estás complicando las cosas?

Y dice Gabriel:

—Ya por favor, no hagas escándalo.

Entonces Ayala se voltea y le grita a Gabriel: ¿Pues sabes a ti lo que te deseo? Muchos días de éstos y te voy a comprar una corona de cicuta para que te la tragues.

Gabriel me dijo:

—Mira Lola, si sigue éste molestando le voy a dar de trompadas, sácatelo y cálmalo.

Lo peor es que todos estaban igual contra Gabriel con un rencor horrible. No querían ni dirigirle la palabra. Qué cosa.

Julio Bracho me dice:

—Yo creo que Chabela no está muerta.

—Pues mira, todos están creyendo lo mismo.

—Pues de aquí no sale Chabela.

—¿Cómo que no sale? Si el único que tiene ese derecho es el marido.

En la mañana le dije:

—Oye Gabriel, todo está muy feo y todos dicen que no va a salir Chabela de aquí si no tienen la seguridad de que ésta esté muerta y quieren que des permiso de que le abran las venas.

—Yo no puedo permitir eso.

—Ya ves cómo está el ambiente, todos son unos líos horribles y yo ya no sé tampoco qué hacer porque toda la gente está contra ti, no exactamente contra ti, pero porque les ha causado una pena horrible la ida de Chabela, sí preferirían que el muerto fueras tú.

—Bueno, pues ¿y a quién van a traer?

—Aquí está Nacho Millán.

Entonces entramos el doctor Millán, Gabriel y yo, y Millán la empezó a examinar toda y ay, imagínate que en una de las vueltas que le dio el doctor para oírla bien, que escucho un ruidito, un quejido.

—¡Ay está viva!

—No, no, no está viva, mira estas manchas ya son de la muerte y estos son gases que se quedan adentro y ahora que la movimos salieron, pero eso fue. Ella está muerta.

—¿Seguro que fue un pedo?

—Sí, estoy absolutamente seguro.

Nos dice:

—Por fin ¿la abrimos o no?

Yo volteé a ver qué decía Gabriel como diciéndole, tú eres el de la última palabra, esto se va a hacer con tu puro consentimiento y respondió:

—Si el doctor dice que está muerta, que es lo que yo...

—Sí pero ya ves cómo se han complicado las cosas.

Por fin le dieron su cortadita, la pobre ya se había petateado. Cuando alguien está muerto no sale sangre. Igual le hicieron a

Xavier Villaurrutia porque también Julio Bracho empezó a decir en Bellas Artes que estaba vivo y pidió: "Que le abran las venas". Yo creo que Bracho tenía alguna obsesión o cosa rara, porque al ver a Xavier empezó a gritar: "¡Está vivo, está vivo, que me convenzan de que está muerto!"

A Chabela la pusieron en su caja y siguió el relajo. Concha Michel dijo: "Le voy a cantar a Chabela las canciones que más le gustaban" y allí está tururururururutú con su guitarra, y el Bracho gritando "desgraciado viejo asesino, que tú hoy te mueres", y el Loco Ayala gritando en la azotea, "¡ay que me voy a matar!", y otros reclamando el cadáver que "¿por qué Gabriel la va a enterrar si este cadáver es nuestro?", bueno, un trajín horrible, como no te imaginas. Por fin nos vamos al panteoncito chiquito que estaba por La Villa, antiguo precioso, chiquitito que tal vez allí estaba el papá de Chabela o no sé qué, y allá vamos y empieza a nublarse la tarde y Concha Michel y Aurora Reyes y todas éstas dale y dale bien borrachas con las cuerdas "¡Adiós paloma, sí paloma!", y las guitarras, otras llora y llora, otros grita y grita, ay bueno, no tienes idea qué cosa. Total, ponen las reatas en la caja para echarla a la fosa sin verdecitos ni nada, así pelona, y se revientan las reatas y por fortuna la caja no se abrió ni se rompió, pero no recuerdo un entierro más horroroso que ése, y toda la gente, haz de cuenta que cogió camino y Gabriel se quedó así como dedo podrido solo en el panteón, el infeliz.

A los que más nos metimos, Gabriel más nos odió, a mí me cogió un odio reconcentrado. Y yo también me quedé sin nadita de ganas de verlo, aunque era un dibujante extraordinario y rapidísimo y era muy inteligente y muy culto.

PARA FRIDA, LA MUERTE ERA UNA AMIGA

—Siempre tuve un deseo enorme de hacer cine y la primera película que se me antojó filmar fue una sobre Frida Kahlo. Que Frida todavía en vida fuera la protagonista. Diego Rivera también se entusiasmó mucho y nos dijo: "Yo les doy el dinero".

Empezamos a hacer pruebas para ver quién tendría la personalidad suficiente para actuar junto a Frida y dimos con Titina Misrachi, una muchacha bailarina, hija de Alberto y Anita Misrachi. Simbólicamente ella haría el papel de la muerte, porque para Frida, como tú podrás haberlo notado en sus cuadros, la muerte era una amiga, un devenir y toda la película giraría sobre esa amistad de Frida Kahlo con la muerte. El problema es que cada vez que íbamos a empezar a filmar, Frida se ponía muy mala. En una ocasión, tuvimos que cambiarle el corsé de yeso, en otra, la colgaron para restirarle la columna y poder formarle el corsé encima del cuerpo, en otra tuvieron que hacer un cambio de vértebra y así, la filmación se fue postergando aunque ya habíamos ensayado mucho Frida, Titina y yo, así como unos niños que representarían el ansia maternal de Frida. En la película, cada vez que Frida tendía sus brazos hacia un niño, éste se escapaba en el momento mismo en que su mano iba a tocarlo. Además de la añoranza por la maternidad quisimos transformar a los niños en muñequitos y juguetes populares que Frida siempre tuvo en la récamara, junto a su cama, en la cabecera, en distintas repisas, detalles tan cariñosos pero tan infantiles de un gran gusto popular. Frida siempre vivió rodeada de juguetes, yo siempre tuve consideración por la espantosa enfermedad de Frida y aunque ella era muy valiente y me decía: "Hoy empezamos Lola", yo le respondía: "Mañana, mañana que estés mejor". Le tomé una serie de fotografías, las mismas que estuvieron en su exposición en Bellas Artes y que se amplificaron al máximo, y empecé a filmar durante los ensayos y realmente las pruebas quedaron estupendas pero un día me las pidieron prestadas para un corto de televisión sobre Frida en que participamos Rosa Castro, Antonio Rodríguez y yo y hasta la fecha los estoy esperando; nadie se ha molestado en regresármelos, eran muchos metros de película de una plasticidad extraordinaria porque Frida Kahlo tenía una gracia increíble para moverse, cada movimiento suyo era hermosísimo, y Titina Misrachi pues era bailarina, así que tú te imaginas qué magnífica película, pero pues así quedó...

LAS DOS MUJERES DE DIEGO ERAN UNICAS

—Uf, Frida era extraordinariamente vital, completamente distinta a Lupe Marín, de una vida intensísima porque le había costado su trabajo nacer, crecer, ser. Siempre que pienso en Frida, creo que es la única gente que ha nacido por sí misma, porque le dio la gana nacer y hacerse; ella estaba destinada a morir muy pronto. Nació débil, tuvo polio muy chiquita, después espina y a todo eso fue sobreviviendo, sobreviviendo, sobreviviendo y creciendo, creciendo su personalidad, creciendo su vida, creciendo al amor de su vida, creciendo su pintura. Cuando íbamos a hacer la película de Frida iba yo a platicar bastante rato con ella y me contaba:

—Fíjate que cuando yo era muy chiquita y me tenían encerrada por la polio sentía muy feo y necesitaba salirme y andar con los niños, entonces ponía yo una sillita y en los vidrios esos barnizados de blanco que antes ponían en las casas, raspaba yo y hacía unas como ventanitas y veía yo a los niños en la calle jugar, y por esa ventanita que hacía yo mentalmente me salía yo a jugar con ellos y vivía yo esto hasta que me cansaba y entonces regresaba por la misma ventanita y me volvía yo a mi sillita.

¿No se te hace una cosa de vida y de fuerza mental enorme desdoblarse y salir a jugar y regresar al encierro? Toda su vida fue pura fantasía. La pasión que tuvo con Diego fue extraordinaria. Ella era tiernísima y daba mucha felicidad y mucho cariño a toda la gente. Veía un color, ¡ay, mira qué amarillo! y brincaba con el color, veía una fruta, se deshacía con la fruta; gozaba de las cosas, los juguetitos populares, era un manantial de vida continuo, continuo pero inexplicable porque tú lo puedes creer de una gente sana, fuerte, vigorosa, pero una gente que ha tenido veintitantas operaciones y seguir con esa euforia, yo creo que es un fenómeno. Las dos mujeres de Diego eran únicas: Lupe por salvaje, por bestial; Frida por su espíritu. ¡Qué personajes las dos!

UN CORTOMETRAJE SOBRE DIEGO RIVERA

—Yo me quedé muy picada porque toda mi vida quise hacer cine experimental y una mañana al platicarle a mi gran amigo Fernando Canales lo que para mí era Chapingo y cómo me lo hizo ver Diego, porque la pintura es un poco difícil de entender, es oscura en su contenido pero no en su color y para comprenderla hay que entrar a mano derecha, siguiendo la trayectoria que Diego me indicó. Fui tantas veces a Chapingo con Diego que logré dominar la pintura a la perfección y un día le expliqué a Canales secuencia por secuencia. Al ver mi entusiasmo me dijo: "Ven a verme a mi oficina con un presupuesto para una película en 35 milímetros". El texto lo hizo Alejandro Gómez Arias, lo narró Claudio Obregón y la música es de Rafael Elizondo. Aunque yo creo que el documental tiene defectos es bueno porque Alberto Isaac al terminar su exhibición me dijo: "Lola ¿por qué empezó tan tarde a hacer cine?". Lo filmé con un gran respeto y siguiendo la secuencia indicada por Diego Rivera. El corto no se ha explotado comercialmente lo cual es injusto porque sería una película buena para escuelas, museos y universidades. Primero tomé todas las fotografías de Chapingo, fui ordenando la secuencia y cuando estuve segura de todas las tomas, me lancé a filmar. Dirigí la cámara que era muy pesada con un camarógrafo que jamás había visto una pintura en su vida y no tenía la menor idea de quién era Diego pero gracias a su buena voluntad y a mi paciencia, lo estuve forzando y forzando, hizo buenas tomas y se pudo armar una película muy decorosa.

TRAS LA MUERTE, EL SAQUEO

—Manuel y yo vivíamos cerca de Chapultepec en las calles de los generales, en General Cano, algo así, y recuerdo que siempre salía yo por una de las puertas de Chapultepec. En esa casa inventamos hacer dizque la primera galería de arte en México y Paco Miguel, Rufino Tamayo, Manuel y yo pintamos las paredes de blanco, acomodamos las luces, colgamos nuestros cuadros y pusimos los de los amigos: Orozco, Siqueiros, Tamayo. En esa galería exhibí los primeros cuadros de Frida Kahlo. William Spratling era vendedor de pintura y les dijimos a todos los cuates que nos ayudaran. Paca Toor nos trajo a muchos turistas gringos. Allí le hicimos una posada lindísima a Eisenstein y en esa misma pieza retratamos a Diego y a Frida cuando se casaron.

Después de su matrimonio, Frida y Diego me llamaron para que yo retratara sus cosas y al principio, Frida acompañaba a Diego a los mítines. Fíjate, Frida iba de guarura de Diego, no porque Diego la pusiera, sino porque era bravísima y todo el tiempo estaba pendiente de cuidarlo con una pistolita que siempre traía en su bolsa. Y de retache iba yo de guarura de Frida para ver que a ella no le sucediera nada. Recuerdo que una tarde en un mítin en un sindicato, creo que de panaderos, sabe Dios de qué, estábamos sentadas Frida y yo y alguien delante de Frida dijo que Diego era un hablador; Frida lo cogió a manazos, a bolsazos, a trenzazos, a aretazos: "¡Cállese viejo desgraciado, usted qué sabe viejo méndigo, canalla, hijo de gachupín!" Alguna vez también la acompañé a Bellas Artes y era como si entrara la reina de Tenochtitlán, con su vestido largo bordado, su cabeza altiva, sus trenzas con listones de colores, su rebozo y toda envuelta en collares y colguijes de oro y plata.

El día en que murió, Diego nos ordenó a Ruth y a mí que estábamos vistiéndola: "Póngale todas sus joyas, todas. Quiero que se las lleve" y cuando Ruth fue al cajón a sacarlas no había nada, ni una cagarruta. Ruth y yo nos quedamos mudas del estupor. Diego se encendió en cólera y pasó de la pieza donde la estábamos vistiendo a otra y casi se azotaba contra las paredes y se jalaba los cabellos del coraje y repetía: "¿Quiénes son los desgraciados que se han llevado lo de Frida?" Hasta que Ruth me dijo: "¡Ay, doña Lola, calme a mi papá, cálmelo usted, mire nada más cómo está y ahorita voy yo por mis cosas!" Se trajo Ruth sus alhajas y la cubrimos de collares, anillos y aretes, prendedores que Frida se llevó a la tumba sin ser suyos. Cuando Diego ya la vio arreglada empezó a calmarse.

En Bellas Artes, la bandera roja y negra del partido sobre su ataúd convirtió el velorio en un lío terrible y el propio Cárdenas cesó a Andrés Iduarte.

Más impresionante aún fue la muerte de Diego porque yo estaba dormida y me habló Lupe Marín: "Se ha muerto Diego, ven por mí". Me vestí como pude, después me di cuenta que me había puesto los calzones al revés, tomé un coche y como no supe qué hacer, me enloquecí y fui a gritarle a Fernando y a María de la Paz Canales, desde la calle: "¡Se ha muerto Diego. Se ha muerto Diego. Manda alguna gente porque se acaba de morir Diego!" Y sin más subí al coche y fui por Lupe y las dos llegamos a San Angel al estudio vacío y fuimos las primeras en entrar en medio del más espantoso silencio. En eso llegaron Federico Canessi y Federico Marín, el hermano de Lupe, y entre los dos empezaron a sacarle la mascarilla a Diego. Yo sentía como que iban a arrancarle la piel, como que iban a dejarlo sin cara, sin nada, sentía horrorosa esa soledad del estudio y ver a Diego allí acostado, indefenso, solito, solito, él que había sido una gente de tanta gloria. Diego mantenía a cuanto zángano se le acercaba, hombre, mujer o bestia. Por lo pronto mantuvo como a seis familias: al chofer, a la judera, a la modelo, a la amante cuando todavía podía.

Lupe que siempre habla como tarabilla, no decía una sola palabra. Llegó Pepe Iturriaga y nos pidieron a él y a mí que fuéramos a avisarle a Ruth. Cuando le toqué, con sólo verme: "Ay, ya se murió mi papá." "Sí Rutila, desgraciadamente sí". Se vino con nosotros y a partir de ese momento todo fue un lío, una avalancha de gente, de periodistas, de curiosos, de metiches, de gente que iba pasando. ¿Crees que hubo periodistas que llegaron a preguntar que dónde estaba la señora María Félix? Entonces yo me enojé y les respondí: "Pues se equivocaron ustedes de casa porque ésta es la casa de Diego Rivera". "Ah sí, pero sabemos que aquí vive María Félix". María Félix se portó muy bien porque estuvo encerrada en un cuartito para no llamar la atención y para que no pensaran que era exhibicionismo ella; de veras quiso mucho a Diego, mucho, y lo visitó uno o dos días antes de su muerte. Mientras estábamos en el panteón, unos desgraciados saquearon el estudio de Diego. Narciso Bassols fue volado a San Angel en bicicleta cuando llegaron a avisarle. A partir del momento de la muerte de Diego, se despertó la codicia y la voracidad de la gente. Narciso Bassols puso chapas nuevas, vigilantes y con todo y eso, se perdieron miles de dibujos, acuarelas, objetos. Más tarde recibí una solicitud de la Secretaría de Hacienda para hacer un avalúo de lo que quedaba y repartirlo equitativamente entre Ruth y Lupita. No tienes idea de lo que sentí cuando entré al estudio y vi el saqueo. Diego tenía una cómoda de este alto, con cajones llenos de acuarelas, dibujos, apuntes y no encontré ni la cuarta parte de ese tesoro. Yo había estado en Tecolutla y en Papantla con Diego y llenó blocks enteros de bocetos de fiestas y de actitudes de hombres mujeres y niños. Yo lo vi dibujar hora tras hora y le pedí: "¡Ay Diego, cuando acabe usted, me regala el más chiquito, el que tiene muy poquitos apuntes!" y me respondió: "Sí Lola, cómo no. Viene usted por él, el día que quiera". Pues todos los blocks de apuntes se los habían llevado y muchos de esos dibujos aparecieron después a la venta.

Encontré calcas enormes de los murales de la Preparatoria y de Salubridad. Les propuse a Lupita y a Ruth que estas calcas no entraran al lote de ninguna de las dos sino que pasaran a integrar un Museo de la Técnica de la pintura en la Universidad. Me encontré en los cajones unos zapatitos de Diego que habían tomado toda su personalidad, incluido su olor.

FUI "CHICHARO" DE RUFINO TAMAYO

Diego era un hombre muy bien informado. En el Anahuacalli estábamos Diego, Carlos Pellicer y yo viendo el paisaje, comentábamos el smog y el hundimiento de la ciudad de México, cuando Diego le dice a Carlos:

—Esto va a acabar en la cloaca porque la ciudad de México cada año se hunde más y el año próximo se hundirá tantos centímetros. Y dijo el número. Como en esos días yo iba a Bellas Artes todas las mañanas y Bellas Artes tenía sus marcas de control de hundimiento, me acerqué a ver y era exactamente el número de centímetros que Diego había mencionado. En otra ocasión en Teotihuacán, Diego le dijo a su chofer: "Oiga Sixto, hágame el favor de medirme muy bien el alto y el ancho de los escalones". Cuando el chofer bajó de la pirámide Diego le volvió a decir: "Sixto, hágame el favor de quitarse su zapato y de enseñarme su pie, porque su pie es muy mexicano. Los escalones deben tener tanto por tanto, rectífiquelo usted, exactamente la medida de su pie en el ancho del escalón". "Sí maestro, es exactamente la medida que usted dice". Le pregunté a Diego: "¿Cómo lo supo usted?" Y me respondió: "Porque Sixto tiene el pie mexicano, corto, ancho y lleno de juanetes".

Otros pintores que yo traté eran muy buenos pintando pero no sabían de música o de literatura y Diego siempre fue completísimo. Rufino Tamayo también es un hombre completo y además muy gozón. Goza con lo popular, por eso no entiendo cuando dice que no es un pintor mexicanista; ¡si es terriblemente mexicano! Recuerdo el gusto que le daba hacer sus enormes globos de papel de china y volarlos. Yo siempre fui su chícharo, le ayudaba a hacer el engrudo, a pegar las varillas, y él era el que hacía las canastillas y les ponía una estopa de petróleo que encendía y se iba hinchando el globo de aire caliente y de repente, zás, daba el arrancón y todos nos quedábamos atónitos con los ojos fijos en el cielo. Entonces Rufino se ponía a cantar y Olga a aplaudir. Olga Tamayo ha sido una maravilla para Rufino. Era muy jaladora con Rufino. Ha sido el mecate de sus papalotes. Ya hubiera querido don Clemente a una Olga y no a esa roña de Margarita Valladares que jamás tuvo la calidad de Olga. No tienes idea qué áspera y qué agria era con José Clemente. Claro que Clemente tuvo sus resbalones y con mucha razón porque yo creo que con semejante barril de vinagre, cualquiera los hubiera tenido.

CON LO QUE AMAS DEVERAS NO PUEDES COMERCIAR

—Me dio una gran alegría hacer una exposición de la obra de Frida Kahlo; inclusive exhibimos su cama y ella, enfermísima vino a la Galería en ambulancia, en una camilla y recibió a los invitados sentada en su cama, allí la acomodamos entre cojines, arregladísima como siempre. También me dio gusto exponer y ensalzar la obra de Chabela Villaseñor quien dibujaba en forma preciosa y hacía corridos muy suaves. También expuse a Orozco, a Diego, a Siqueiros, a Ricardo Martínez, a Guillermo Meza cuando era muy bueno, al Dr. Atl, e hice también exposiciones monográficas, es decir sobre un tema; por ejemplo, el paisaje de México en la plástica y en la poesía de lo prehispánico a lo contemporáneo. En mi galería siempre tuve muy buena pintura pero me pasó una cosa espantosa, me di cuenta que con lo que amas deveras no puedes comerciar y nunca fui una buena comerciante. Cuando yo veía a un muchacho con talento, decía yo: "Voy a meterlo a una exposición de conjunto". Manuel Felguérez siempre declaraba: "¡Ay Lola Alvarez Bravo fue quien me descubrió, la primera en decir que tenía yo genio!" Trinidad Osorio llegaba a la galería y me decía: "Lola, no tengo dinero, le traigo unos dibujitos, aquí se los dejo". Entonces yo me apuraba: "Mire Osorio, ahorita no tengo dinero pero espérese, tengo un amigo a quien pueden interesarle". Nunca gané un centavo y es más, muchos pintores me hicieron ver mi suerte. Por eso cuando me dio el infarto dije: "¡Ah no!, ahorita sí ya no puedo seguirle ni puedo conservar tantos millones de pesos de pintura ajena". Y ya, liquidamos la galería y cerré el changarro.

* * *

—¡Esa mujer fuma! Mira nomás la descarada, va caminando con su cigarro en la boca.

Fumar en los treinta era condenarse. Una mujer que fumaba era mala. A fuerzas.

—Esa mujer tra-ba-ja.

Peor tantito. Trabajar era descastarse, salir del medio social en el que se había nacido, hacerse notar, prestarse a habladurías.

—Esa mujer no se parapeta tras de ningún hombre.

Una mujer sin hombre no tenía identidad, no le pertenecía a nadie, por lo tanto no formaba parte de la sociedad.

—Esa mujer anda en la calle y retrata lo que se le da la gana. Ni quien le detenga la rienda, ni quien la controle, insólita jamás abandonó "sus trotes" como ella los llama.

Esa mujer excepcional, Lola Alvarez Bravo le dio a nuestro país, además de algunas de sus más bellas fotografías —*El sueño de los pobres, El Ciego, Unos suben y otros bajan, Homenaje a Salvador Toscano, Entierro en Yalalag*—, un espacio femenino, papel en blanco para imprimir, un lente para ver y abrió el paisaje de México, nos hizo atravesar sierras a caballo, subirnos en coche y en camión, investigar, llenarnos de energía, pintar, escribir, actuar, esculpir, fotografiar, decidir nuestras vidas y sobre todo, retó con su ejemplo. Después de ella, no queda más remedio que aceptar que la única mujer condenable es la que no hace nada y llora lagrimitas de lagartlja oculta en un rincón de su casa entre la escoba y el recogedor.

Lola Alvarez Bravo, trabajadora, cambió en nuestro país la condición femenina. Si nosotras nos hacemos guajes, si fallamos, la escucharemos en el cuarto oscuro de nuestra alma conciencia soledad decirnos como le decía Manuel: "Tú muévele". Lola movió muchas emulsiones, sacó muchas copias del revelador, fijó múltiples imágenes, pero sobre todo nos movió el tapete.

Sus fotografías registran y son parte de la historia del México de los veinte, los treinta que hasta la fecha no ha sido superado, el México deslumbrante y tembloroso que se construía a sí mismo e iba levantándose mientras allá tras lomita se apagaban los últimos fogonazos de la Revolución.

Noviembre de 1977

CLAROSCUROS DE UNA VIDA: LOLA ALVAREZ BRAVO

Su nombre es Dolores Martínez de Anda y nació el 3 de abril de 1907 en Lagos de Moreno, Jalisco, aunque desde muy pequeña vivió en Guadalajara. Es la menor de los dos hijos del matrimonio entre Gonzalo Martínez, importador de muebles y objetos de arte, y Sara de Anda, quien murió cuando Lola tenía 3 años. A esa edad fue llevada a la ciudad de México, donde tuvo una vida de privilegio hasta que, en 1916, falleció su padre a causa de un infarto. Lola tenía 9 años de edad y había sido educada por institutrices. La orfandad la hizo salir de la mansión porfiriana que habitaba en Factor y Donceles para ir a vivir junto a Catedral, en la calle de Santa Teresa, a la casa de un medio hermano casado con una mujer que hizo a Lola víctima de sus malos tratos.

Los lujos quedaron atrás. De los colegios religiosos Francés y del Sagrado Corazón pasó al internado de las monjas teresianas en Mixcoac, quienes le enseñaron que todo en la vida era pecado y que el cuerpo humano sólo podía provocar vergüenza, sobre todo si era un cuerpo como el suyo: a los 15 años, la belleza de Lola surgía esplendorosa en las formas de su cuerpo y en sus facciones rotundas y angulosas. Su carácter era rebelde y extrovertido. No sabe si resultó mayor su felicidad que la de las monjas cuando tuvo que abandonar el internado al contraer tifoidea.

"Quiero estudiar algo", dijo Lola pensando en la carrera de medicina, y su familia la envió a clases de repostería. Contra su voluntad, años antes había aprendido a tocar el piano y a servir el té: su formación no iba dirigida a otra cosa que a ser la esposa perfecta de un burgués.

Entonces, Lola se convirtió en novia de un amigo de su hermano: Manuel Alvarez Bravo. Se conocieron desde la infancia, cuando Manuel iba a jugar a su casa en Donceles donde lo mismo había caballerizas y cocheras que un pequeño teatro y por supuesto decenas de habitaciones. Ya entonces Lola manifestaba su escaso apego a los convencionalismos y se les unía en sus juegos de varón; las muñecas traídas de Francia para ella, le servían única-mente para recargarlas en una pared y fusilarlas, cuando jugaban a "la decena trágica".

Su cuñada desaprobó el noviazgo de Lola y Manuel, pero éstos continua-ron viéndose ocasionalmente además de escribirse cartas. El, que para entonces la única habilidad que se había descubierto era la de hacer cuentas, trabajaba en la Contaduría Mayor de Hacienda. En 1925, cuando lo comisio-naron a Oaxaca, le propuso matrimonio a Lola. Casados, vivieron dos años en aquella ciudad cuyas imágenes despertarían el talento fotográfico de Manuel. Adquirió una pequeña cámara Kodak de fuelle que al poco tiempo Lola aprendió a manejar; durante años, empero, su tarea se limitó a auxiliar a su esposo, cumpliendo sus órdenes.

Regresaron a México en 1927, cuando esperaban al que sería su único hijo, Manuel. Al poco tiempo, la pareja empezó a relacionarse con los personajes más destacados del arte y la intelectualidad de este país: Diego Rivera, Frida Kahlo, David Alfaro Siqueiros, Rufino Tamayo, María Izquierdo, Xavier Villaurrutia, Carlos Pellicer, entre otros que admiraban el genio naciente de Manuel y la gracia de Lola, cuya desinhibición contrastaba con la timidez de su joven esposo.

Para los Alvarez Bravo resultó decisiva la amistad que sostuvieron con Tina Modotti a partir de 1929, poco después del regreso de Edward Weston a Estados Unidos. Tina, entregada por entero a la militancia en el Partido Comunista, se dio tiempo para compartir sus conocimientos con los jóvenes principiantes. Lola comenzaba ya a tomar sus propias fotografías, y en 1930, cuando Tina fue deportada, le compró sus cámaras, una ocho por diez y una Graflex, que hasta la fecha conserva. Ausente Tina, Lola y Manuel heredaron la tarea a ella encomendada de fotografiar las obras muralísticas. Para Lola, otra amistad que marcó su trabajo fue la que sostuvo con el fotógrafo francés Henri Cartier Bresson durante su estancia en México.

Afiliados a la Liga de Escritores y Artistas Revolucionarios (LEAR), Lola y Manuel organizaron en los años treinta una exposición colectiva con las pinturas de sus amigos y con sus propias fotografías. El éxito obtenido llevó a Lola a improvisar una galería en su casa de Tacubaya donde exhibió, junto a los cuadros de Orozco, Siqueiros y Tamayo, las primeras obras de Frida Kahlo. Organizó también, junto con Manuel, varios cineclubes.

Por esa época, Lola comenzó a publicar sus fotos en la revista *Mexican Folkways*. Aunque en ésta no se le daba crédito, ella era ya conocida en los medios artísticos e intelectuales como Lola Alvarez Bravo. En 1934, cuando se separó de Manuel por sus infidelidades matrimoniales según lo ha declarado, Lola decidió continuar usando como nombre profesional el de casada, puesto que lo contrario habría significado comenzar de nuevo.

Sin embargo, 1934 marcó en realidad el inicio de su madurez como fotógrafa. Alojada en la casa de María Izquierdo a espaldas de la plaza de Santo Domingo, obtuvo empleo en la Secretaría de Educación Pública, primero como profesora de la Sección de Artes Plásticas en el Centro Escolar Revolución y después en el Departamento de Prensa y Publicaciones, donde organizó el archivo fotográfico entre 1935 y 1936, publicó en el órgano de la SEP *El Maestro Rural* y viajó por toda la república. De 1937 a 1939 trabajó en el Laboratorio de Arte del Instituto de Investigaciones Estéticas de la UNAM.

Su divorcio de Manuel se llevó a cabo 15 años después de la separación, cuando él decidió casarse de nuevo. Lola no volvió a contraer matrimonio ni procreó otro hijo. Ninguno de los célebres artistas que conoció al lado de Manuel le retiró su amistad. Por el contrario, se reunían con ella en sitios como el Café París y más tarde el famoso cabaret Leda; ahí, Lola acudía a bailar casi a diario con Juan Soriano, a quien llegó a querer como a un segundo hijo.

Soriano convirtió a Lola en una de sus modelos preferidas; le hizo un retrato y varios bocetos, además de utilizar su rostro para infinidad de cuadros. La belleza singular de la fotógrafa no pasó inadvertida para otros pintores como Siqueiros, que también la retrató, y Diego Rivera, quien le pidió posar para él sin lograr convencerla. La grácil figura de Lola, por supuesto, es identificable en algunas de las más conocidas fotos de Manuel Alvarez Bravo.

A su vez, Lola ha retratado a prácticamente todos los protagonistas de la cultura mexicana de lo que va del siglo. Existe una reunión de estas fotografías: el libro *Escritores y artistas de México*, publicado por el Fondo de Cultura Económica en 1982. En aquel mismo año apareció el libro *Lola Alvarez Bravo. Recuento fotográfico* en Editorial Penélope. En 1989, en el marco de los festejos por los 150 años de la fotografía, el Consejo Nacional para la Cultura y las Artes y el Instituto Nacional de Bellas Artes editaron un nuevo libro con la obra de Lola, *Reencuentros*.

Durante 30 años (entre 1941 y 1971), Lola Alvarez Bravo ocupó la jefatura del Departamento de Fotografía del Instituto Nacional de Bellas Artes, donde impartió cursos, montó exposiciones y cubrió diversas comisiones culturales y oficiales en todo el país. Por otra parte, desde 1955 impartió el Taller Libre de Fotografía en la Escuela Nacional de Artes Plásticas de la UNAM, la antigua Academia de San Carlos.

A mediados de los años treinta, Lola se convirtió en la pionera del fotomontaje en México, al participar con un par de trabajos en esta técnica en la primera muestra de carteles de propaganda que organizó María Izquierdo. Años después, incursionó brevemente en otro campo del quehacer fotográfico: el cine. Trabajó en 1951 un proyecto sobre Frida Kahlo que, aunque quedó inconcluso, fue aprovechado luego por el INBA; y en 1968 dirigió un cortometraje sobre los murales de Rivera en Chapingo, producido por Fernando Canales.

Su labor como galerista fue notable. En 1950, con el apoyo de Juan Soriano y Diego de Mesa, abrió en Amberes número 12 la Galería de Arte Contemporáneo, que dirigió hasta 1958 y que fue mejor conocida como "la galería de Lola Alvarez Bravo". Ahí tuvieron lugar exposiciones memorables, entre ellas la única individual de Frida Kahlo que haya sido montada en México mientras vivió la pintora; esto fue en abril de 1953.

Durante cerca de 40 años, Lola residió en un departamento de la avenida Juárez, en el centro de la ciudad de México; llegó ahí en 1939 y la mayor parte de ese tiempo vivió sola. Los rasgos definitorios de su personalidad, la alegría, la locuacidad, la hiperactividad, se fueron apagando con el paso de los años. A fines de 1989 perdió todo deseo de vivir al verse, de pronto, imposibilitada para seguir tomando fotos: una mala operación dejó ciego su ojo izquierdo durante tratamiento de una úlcera.

Aislada del mundo casi por completo, recibió en 1991 una inusual visita: una rubia estadounidense, acompañada de una secretaria y de una intérprete, le solicitaba información sobre Frida Kahlo. Su nombre era Madonna Louise Ciccone. "Es una superestrella internacional del espectáculo que desea hacer una película en torno a Frida", informaron a Lola las acompañantes. "No creo que esta señorita pueda interpretar lo que fue Frida Kahlo", comentó la fotógrafa, y Madonna únicamente sonrió.

Poco después de aquel encuentro que vino a ampliar su riquísimo anecdotario, Lola Alvarez Bravo dejó el departamento de avenida Juárez para ocupar otro en la colonia Roma, sobre la calle Sinaloa, junto al que habita su hijo. Su salud en general era ya frágil; caminaba, hablaba y escuchaba con grandes dificultades.

La galería Juan Martín presentó en octubre de 1991 una exposición de las fotos que Lola tomó a Frida Kahlo: *Frida y su mundo.* El Festival Internacional Cervantino exhibió en octubre de 1992 una selección de sus retratos femeninos bajo el título *Las mujeres de Lola.* Por esa misma fecha, el Centro Cultural Arte Contemporáneo le rindió un homenaje con una amplia muestra de su trabajo: *Lola Alvarez Bravo. Fotografías selectas 1934-1985,* integrada por 216 imágenes eternizadas por esta mujer que a los 85 años de edad lo único que deseaba era morirse. Las exposiciones, decía, no la entusiasmaban porque nada novedoso había por mostrar: "Siempre es lo mismo, lo mismo, lo mismo..."

IRMA
SERRANO

CONTRA LO ESPERADO

Pone su manita entre las mías y resulta que no es mucho mayor que la de mi hija Paulita quien tiene seis años. Su cara tampoco es grande, al contrario, es dulce, amuñecada, ella es la que la brutaliza; los ojos se vuelven enormísimos delineados con rayotas aerodinámicas, espaciales, como de fórmula uno, y la boca se ensancha, pintada con brocha gorda.

—Sabes, quería conocerte personalmente, me da mucho gusto que estés aquí.

Me derrito. Hace cinco minutos estaba dispuesta a irme, ahora me quejo e Irma Serrano reclama:

—Ya les he dicho que no me traten mal a los chicos de la prensa. ¡No me traten mal a la prensa, carajo!

Alexandro Jodorowsky no quiere que gente alguna vea los ensayos de *Lucrecia Borgia*. El está sobre el escenario del teatro Fru Fru dando indicaciones. Sentada junto a Irma Serrano, quien toma una coca cola, oigo que concede: "Quince minutos de descanso".

Entonces Irma se levanta de su butaca y salimos en busca de un enchufe, para conectar mi grabadora. Luego se carcajea porque alguien le cuenta que acaban de negarle la entrada a Bob Lerner. Yo creí que *La Tigresa* era un mujerón, una percherona de armas tomar y resulta que es pequeña, trae el pelo recogido en un chongo y tiene un ojo irritado y rojísimo.

—Ya me he echado todo lo habido y por haber y no se me compone.

CONTRAINDICADO

No por eso ha dejado de ponerse pestañas postizas hasta debajo de los ojos ni de rayarse cejas, párpados, ojeras. Lo único ausente es el tradicional lunarsote tan grande que parece los que la corte de Luis XIV recortaba en terciopelo negro, pegaban en su mejilla y llamaban "moscas". Su pelo rizado en cascada, una ondita tras otra, es el de María Schneider en *El último tango en París*, y el de Luis XVI antes de la guillotina.

—Yo creí que usted era una yegua muy arisca, un caballote muy grande... ¿Y su agresividad?

—Bueno, creo que en ciertos momentos lo soy.

—Es que es usted muy chiquita.

—No soy precisamente grande de estatura pero cuando me enojo aumento como diez o quince centímetros, me estiro como los tigres. ¿Agresiva? Son pocos los momentos en que realmente lo soy, pero cuando me pican tengo minutos en que nada más veo estrellitas rojas, amarillas, azules, de todos colores y allí sí ya no supe ni lo que hice. ¡Loca, desequilibrada!

CONTRACORRIENTE

—Pero ahora mismo es usted muy mansita.

—Es que estoy esperando la ocasión para saltar.

—¿No necesitó ser muy combativa para ir subiendo en su carrera?

—Analizando mi vida desde que empezó hasta esta fecha creo que he necesitado como base primera la agresividad, si no, me habrían hecho pedazos. Yo creo que al mismo tiempo que traje al nacer en la parte de enfrente una estrella donada por los dioses, a ver cuál de los dioses o diablos o quien sea, también traje la envidia como otra enorme causa tras de mí.

—¿Quién la envidia?

—A mí se me envidiaba cuando no tenía ni qué se me envidiara, no tenía ni treinta centavos para mi camión.

—¿La belleza?

—La belleza cuando hay pobreza siempre se ve disminuida ¿no es así? Sin embargo era atacada ferozmente por todas.

—¿Cuáles todas?

—Desde la secretaria de la secretaria de la secretaria de un señor a quien yo le iba a pedir trabajo, desde ese momento, ya era agredida por las mujeres. Tuve que tener otro forro, un caparazón que con el tiempo se ha hecho ya muy mío a pesar de que en el fondo sigo siendo una persona tranquila, a veces me da flojera pelear...

CONTRA PEREZA DILIGENCIA

...Soy floja por naturaleza, pero cuando agarro un pleito no lo suelto, no me importa nada, no tengo barrera, soy caprichosa, soy necia, terca, tengo todos los defectos del mundo que se han unido para hacer un carácter sumamente fuerte.

—¿Usted se considera fuerte?

—Sí, muy, muy fuerte, nadie puede conmigo, nadie ha podido nunca, nadie podrá.

—¿Ni Jodorowsky?

—Uy, con ése ya me he dado varios agarrones, pero cuando él va yo estoy de vuelta.

CONTRAYENTES

—¿No se iban a casar?

—Pues casarme, casarme... casarme con Alejandro significa un problema muy grande, los dos tenemos un carácter fuerte y pensamos distinto, sin embargo podría ser, sí, nada más podría ser.

—Pero entonces, ¿por qué declararon que ya estaban comprometidos?

—Eso sí, hay un compromiso. La señora está aquí.

CONTRALORIA

—¿Cuál señora?

—La de él. Vino precisamente para firmarle el divorcio, pero todavía nos falta un mes y medio de ensayo y vamos a ver si realmente llegamos a un entendimiento. La señora es una mujer muy culta, muy preparada, una intelectual que ha visto con mucha naturalidad que Alejandro tenga una nueva relación. Sin embargo, aún no estoy decidida, hemos tenido grandes agarrones en los últimos días y hay que ver en qué paran, ¿no?

—Entonces ¿anunciaron su matrimonio solamente con afán publicitario?

—No, porque no lo necesitamos. Yo no necesito que nadie me haga publicidad. Me la hacen hasta cuando no la quiero. Jodoroswsky tampoco. La obra en sí será un escándalo, por lo tanto no me hace falta ningún tipo de publicidad, y menos de ésa, de que me caso, porque ésa es publicidad chiquita y yo acostumbro hacerme publicidad en grande. Cuando me la hago es a chingadazos.

—¿Está usted de acuerdo con su forma de hacer teatro?

—El tiene mucho que enseñarme, mucho, pero hay cosas que a él se le ocurren y con las que no concuerdo; yo soy más realista, más auténtica, nunca he mentido, nunca he engañado y las mafufadas de Alejandro no las entiendo.

Entran dos señoritas con cara de susto: que Jodorowsky está enojadísimo, que sólo concedió quince minutos de descanso, que ya pasaron, que son casi veinticinco, que está enfurecido, que todos la están esperando, que ya, que ya, que ya.

CONTRAORDEN

Irma Serrano ni se inmuta, todavía me dice desafiando a las mensajeras:

—Pregunte... Sí, sí, pregúnteme más, lo que quiera, yo respondo a todo.

La oficina donde grabamos se llena de gente. Entonces sugiero, prudentemente, que mejor continuemos en su casa, que allí podremos estar tranquilas y ella me da cita para dos días más tarde en El Pedregal, a las doce y media.

—Porque yo me levanto tarde, a esa hora me baño, me maquillo y después como; entonces ¿gusta usted ir a mi casa? ¿verdad? Todo mundo quiere conocer mi casa, todos ansían verla, yo con mucho placer se la enseño.

Y se despide pelándome unos dientes pequeños, redondos, de celuloide que contrastan amuñecados con sus ojos de felino. Sin embargo, sé que esos dientes y esas manitas han sabido dar zarpazos y tarascadas.

CONTRASEÑA

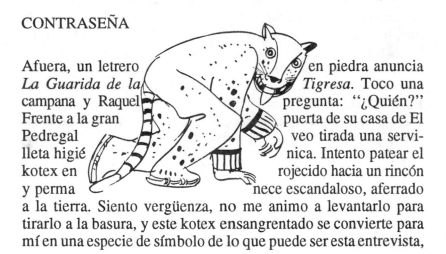

Afuera, un letrero en piedra anuncia *La Guarida de la Tigresa*. Toco una campana y Raquel pregunta: "¿Quién?" Frente a la gran puerta de su casa de El Pedregal veo tirada una servilleta higié nica. Intento patear el kotex en rojecido hacia un rincón y perma nece escandaloso, aferrado a la tierra. Siento vergüenza, no me animo a levantarlo para tirarlo a la basura, y este kotex ensangrentado se convierte para mí en una especie de símbolo de lo que puede ser esta entrevista, algo un poco mezquino que la muchedumbre podría pisotear. No dejo de asociarlo a Irma Serrano. Tengo vergüenza de decirle a Raquel, la sirvienta: Mire, ¿no podría barrerlo el jardinero? El paño rojo permanece allí y tampoco me atrevo a decirle a Irma Serrano lo que siento: "¿Sabe?, alguien de mala fe ha tirado un kotex manchado frente a su puerta". Al rato regresa Raquel y abre la pesada puerta de madera. En el fondo de un corredor todo rodeado de oro y rojo está Irma Serrano semiacostada en un chaise-longue de piel negra. Junto a ella, maja de Goya, su caja de maquillaje y otro cajón también lleno de menjurges; todo se ve café, gris y beige, ocre y ennegrecido. Atrás de ella, en la alfombra roja hay una cantidad de estuches vacíos de pestañas postizas. Huele a alfombra mojada y es que la sala, mejor dicho una de las salas, se inundó. La alfombra está tendida al sol junto a la alberca.

—Y ¿por qué se maquilla tanto?

—Porque me gusta. Además, usted ya me ha visto sin maquillaje, entonces ¿por qué opina que me maquillo mucho?

—Sólo la vi sin su lunar, pero por lo demás sus ojos estaban tan maquillados que abarcaban toda su cara.

—Yo me maquillo lo natural que una gente debe maquillarse para el teatro; las luces en México son malas, los alumbradores son unos pendejos, entonces el artista tiene que salir sumamente maquillado en la escena para no verse como espectro. Ahora en la mañana voy a ensayar y en la noche ya no tendré tiempo de maquillarme y hoy repongo *Nana*, durará tres semanas. Yo me inicié cantando, como mi padre, quien era poeta y componía; es la misma rama, mi papá me ponía a cantar, a recitar, a todo. Además, soy prima de Rosario Castellanos, ¿no lo sabe usted? Las dos somos de Comitán. Primas las dos. Y cuando vine a México viví en su casa varios años cuando estudié filosofía, no recuerdo en qué año, no me pregunte.

CONTRARRESTA

Yo tengo muy mala memoria para los años, además yo no tengo ayer, si usted quiere saber qué hice ayer ya se me olvidó, tengo presente y futuro, no vivo de nostalgias, no soy gente de recuerdos, y menos para hacer cuentas. Soy malísima. Con Rosario exactamente viví en la calle de Constituyentes. Ricardo Guerra y Rosario se separaron muchísimo antes del divorcio, tuvieron separaciones y reconciliaciones y yo presencié varias de ellas, así es que me tocó vivir con Guerra y Rosario y con Rosario sola. Era una mujer brillante, yo a las pendejas no las aguanto. (Me mira con fiereza).

—Oiga, ¿y usted cómo ha hecho tanto dinero? (pienso que va a responderme: "Esa pregunta ni se pregunta", pero sigue pintándose el ojo sin inmutarse).

CON TRABAJO

—Necesitaría platicarle mi vida desde que nací, y como los gatos, hasta que me caparon. Creo que el noventa por ciento lo hice trabajando, como se hacen las cosas. La otra parte es suerte, porque yo creo en el destino. Creo que soy un ser que nació para rico.

—¿Desde niña fue rica?

CONTRARREVOLUCION

—Nací de gente muy rica pero cuando tenía yo siete años las haciendas en Chiapas se repartieron y vino un gran bajón en la familia. Por eso busqué ser actriz; primero canté, después me hice actriz. Las joyas, tengo muchas. Son una de las cosas por las cuales trabajo, una de mis debilidades. Me gusta comprarme todo lo que mi cuerpo desea. Hay que darle un poco de gusto al cuerpo ¿no cree? No, usted no tiene cara de ser de las que le dan gusto a su cuerpo. Yo compro todo, todo. Si se le antoja, después de que termine la entrevista se puede dar una pasada por los corredores, por aquí, por allá en frente y más para allá. (Gesticula como en escena). Sí, mi casa es grandísima y verá que compro todo, todo, todo lo que me gusta y si le enumero lo que me he comprado no vamos a terminar. Por de pronto en la cochera hay un Rolls Royce y dos limusinas que ahora han de valer como trescientos mil pesos cada uno, cadillacs, muñecas, espejos, cuadros, muebles, trapos, todo lo que para mí es bello lo compro, no me importa si a la gente le parece bien o mal o fuera de época. Para mí no hay épocas, no hay cosas francesas, ni italianas ni inglesas, hay belleza y trato de reunir la belleza a mi alrededor, no me importa su procedencia. Ahora que me critiquen, a ver, usted, critíqueme, a ver atrévase, aviéntese, mujer, a ver de a cómo nos toca.

CONTRABARRERA

Ahora sí. Le ha salido lo tigresa, se anticipa a cualquier crítica, ataja el menor comentario. Hay algo en ella que me recuerda a la Pita Amor de los grandes tiempos, la que gritaba: "Yo soy la reina de la noche" y arqueaba la boca en un gesto de desprecio; la que quería tragarse al mundo entero, la que se lo merecía todo y dirigía sus propios programas de televisión acomodando las luces y la cámara del modo que más le favoreciera sus escotes muy a la vista, sus enormes ojos interrogantes y angustiadísimos. A Irma Serrano aún no le llega la angustia pero el lenguaje es el mismo:

CONTRAIMAGEN

—Ningún pinche crítico es capaz de entenderme, ninguno tiene más talento que yo, no hay nadie, nadie, digno de que yo lo tome en cuenta. Yo me gusto como soy, creo que soy una enamorada de mí misma, me caigo muy bien. No soy una narcisista. Los narcisistas son pendejos y cabrones, creen demasiado en el valor del físico, yo creo más en mi fuerza interior.

—¿Y desde cuándo descubrió que tenía esa fuerza interior?

—Creo que desde que nací. Era una niña sumamente envidiada, sumamente solitaria, alejada, agresiva porque precisamente la fuerza mía se proyectaba en los demás y no tenía todavía conciencia completa de cómo manejar ese poder sobre los demás. Ahora creo que ya lo domino.

—¿Manipula a los demás?

—Ya no. Digamos que ahora mi poder es suave, ya no necesito imponerme. La gente solita toma su lugar frente a mí. No necesito siquiera levantar la voz, ningún tipo de manifestación, ningún alarde para que entiendan que están ante una inteligencia superior a la suya, una fuerza chingona y que por lo tanto se me debe hacer caso. Todos los que han escuchado mi consejo, han salido adelante.

—Pero ¿qué tipo de consejo da usted?

CONTRA EL SISTEMA

—Pues ¿qué le puedo decir? Toda la gente tiene conflictos. Si yo fuera político, solucionaría muchos problemas con mi poder sobre los demás.

—¿Qué problemas?

—Lo que yo opino es demasiado apegado a la realidad como para que yo pudiera ser una política, a pesar de que me fascinaría. Yo soy muy veraz, para mí es un placer decir la verdad. A la tele ya no me invitan, me tienen congelada por miedo a lo que pueda yo decir. Yo he hablado mal de Rodolfo Echeverría y seguiré haciéndolo, yo le digo la verdad a toda la gente sin excepción, y mis verdades pueden ser hirientes.

—Y con usted, ¿nadie ha sido hiriente?

—Todavía no nace el hombre o la mujer tan chingón como para encontrar en mí la falla o como para herirme. Aún no me encuentro con el pendejo que pueda lastimarme.

—¿Alejandro Jodorowsky?

—Alejandro Jodorowsky puede enseñarme teatro, lo considero inteligente pero soy superior a él en todo. Además, él es argentino y eso ya es una chinga terrible. Yo sé decir la verdad en todas las circunstancias y ante todas las situaciones: injusticias, problemas, malentendidos. Nací con una tercera visión, como si las cosas las adivinara.

—Pero ¿por qué se expone usted tanto? ¿Por qué se desnuda en público? ¿Por qué escoge siempre obras escandalosas? ¿Por qué vive en el filo de la navaja? ¿Por qué tienen que interrogarla cuando los narcotraficantes se escapan de Lecumberri o cuando van a encerrar delincuentes?

—En la política le tienen miedo a lo que yo opino, sin embargo me consultan siempre.

—Yo me refería a los escándalos que se hacen en torno a usted y que usted provoca. Sus desnudos, por ejemplo.

CONTRA LA FEALDAD

—Muchas se han desnudado y no se ha hecho el cabrón escándalo que se ha hecho conmigo. Yo me desnudo, en primer lugar, porque yo no la puedo hacer de Blanca Nieves, porque simplemente no me interesa. Yo creo que tengo una personalidad definida, fuerte y que se debe aprovechar, y si las obras son dramas en que se necesita el desnudo, pues hago desnudo. Para mí, el cuerpo es tan poco importante que lo enseño. Claro, si yo fuera una mujer fodonga, ya fláccida, lo dejaría de hacer por estética, porque yo amo la belleza. Pero yo soy una mujer bella. Entonces no tiene importancia que yo enseñe los senos o que los deje de enseñar, que enseñe las...los... las... asentaderas o que las deje de enseñar, o el vientre, todavía lo tengo perfecto, lo tengo muy bien o por lo menos a mi gusto, que es lo importante y si la gente llena mi sala es porque también les gusto, ¿no? Recuerde ese dicho muy cotorro: "El movimiento se demuestra andando". Si yo le digo que soy bella y que a mí me gusta mi cuerpo, la gente durante dos años me vio en *Naná*, a pesar de que el desnudo es tan sutil, tan limpio, es porque le gusté. Hay gente que ha visto cuatro, cinco, siete, diez, veinte veces *Naná*. En *Lucrecia Borgia* hay otro desnudo diferente al de *Naná*. Cuando yo ya no me sienta con la belleza física para enseñar lo que tengo, no lo haré. Creo que la impudicia es mental, creo que no hay mujer más casta para desvestirse que yo. Yo no soy una mujer sexual a pesar de que inspiro sexo.
—Pero ¿no ha tenido usted muchos amantes?

CONTRA LUJURIA CASTIDAD

—No. He tenido demasiado pocos, diría yo.
—¿Cuántos debería tener una mujer?
—Tantos como su naturaleza lo requiera. Hay diferentes naturalezas. Creo que en mi vida toda completa habré tenido cinco

amantes. ¿No son muy pocos? Yo soy una gente a quien se le olvida el sexo por tiempos indefinidos hasta que mi cabeza vuelve a caminar, pero se necesitan tantos detalles... El sexo no me lo inspira el macho. Tiene que venir algo muy profundo interior, una admiración para que ya mi cuerpo responda, el último en reaccionar es mi cuerpo, entonces no me considero, a pesar de que puedo serlo, una mujer sumamente sexual. No me mueve lo que a todas —la guapura—, necesito que mi cerebro agite cada célula de mi cuerpo, si no, no responde. Los hombres que considero amores de mi vida han sido intelectuales, políticos, chingonazos de mucho talento. Me he enamorado quizá del talento más que del poder... Desde que viví con mi prima Chayito Castellanos estuve siempre muy cerca de escritores, pintores, filósofos, rodeada de pura gente intelectual, pero jamás uno de ellos me inspiró amor, porque no; ellos sólo se quieren a sí mismos.

CONTRA EL ANALFABETISMO

—¿A quién ha leído usted?
—A todos, a todos...
—¿No me puede dar el nombre de algún autor, el título de alguno de los libros?
—Ponga usted que desde Walt Disney hasta...
Se concentra en el ojo derecho. Tengo ya una hora de verla maquillarse los ojos, y eso que cuando llegué ya tenía puestas las gigantescas pestañas postizas, que se coloca a medio párpado de modo que terminan casi en la sien.
...Yo sé muy bien qué me preguntaría a mí misma, pero no le voy a hacer el favor a usted de dictarle sus preguntas, pero las mías serían más agudas, rebotarían mejor. Yo me considero una mujer sumamente bonita, preciosa, no sé lo que opinen los demás ni me interesa, pero lo que veo en el espejo me agrada muchísimo. Y yo, vea usted, no soy fácil de enamorar, enamorada es una palabra muy lejana para mí, porque yo no soy una

pendeja de enamoramientos, mi único y verdadero gran amor soy yo misma.

Otra vez resuenan en mis oídos las palabras de Pita Amor, yo soy mi casa, yo, yo, yo, yo, y la desesperación final, el cuerpo ya no responde como antes, envejece, falla ... y luego la desolación.

CONTRA TODAS LAS BANDERAS

—A usted ¿nunca nadie le gana la partida?

—No, hasta ahorita no he encontrado un cabrón que me la gane. Soy demasiado zorra y no le tengo miedo a nadie. Nunca. Ni siquiera cuando empecé. Empecé cantando y mi primer disco me lanzó. Quise meterme al cine. Al principio yo pedía aunque fuera un "bit", siempre he considerado que tengo una voz muy potente con muchos matices, insistía en que me dieran el "chance" de una peliculita, como se la dan a cualquiera, pero me veía uno de aquellos buitres que son los pinches productores y sólo me perjudicaban. Yo era una chica muy soñadora, sabe usted, pensaba hacer una carrera con mis logros artísticos y las carreras no se hacen a través de los logros artísticos... (Me mira de arriba abajo).

CONTRAPUNTO

...Sabe, a veces pensándolo muy detenidamente, me he dicho a mí misma: "Bueno, si la suerte no hubiera sido tan buena y maravillosa contigo, ¿qué hubieras hecho? ¿Estar sentada tras de una máquina de escribir, manejar una grabadora como usted ahora?" No, esto hubiera sido terrible porque soy muy inquieta mentalmente. Tampoco creo que como cusquilla o golfa hubiera servido en lo absoluto, porque soy una gente con una pulcritud moral de siglos.

—¿No puede usted zafarse de este atavismo moral?

—No, sabe usted, son generaciones de una disciplina y de un comportamiento que pesan sobre mis hombros. Yo no he hecho nada malo, señorita, a mí me han hecho mil escándalos, me han levantado falsos, cada vez que yo alzo un pinche dedo se arma un borlote cabrón y entonces se dicen muchas pendejadas respecto a mí, y la verdad es que ni yo misma sé quién soy.

CONTRABANDO

—Pero a usted bien que le gusta el escándalo.
—¿Yo?
—¿Por qué va usted a la Procuraduría a declarar vestida de pirata?
—¿De pirata? ¡Era un vestido chingonsísimo de Pucci! Y yo fui a la Procuraduría a declarar porque se me dio la gana, me escoto porque se me da la real gana, y mi vestido era muy bonito, mi sombrero también.

En su mirada relampaguea una furia verde, y mientras me responde, Irma Serrano le pide continuamente a Raquel, quien trabaja con ella desde hace catorce años: pasadores, el cepillo del pelo de cerdas de jabalí, su aceite de tortuga, una mascada, un broche, su cepillo de dientes, el sombrero de copa del segundo acto, una cinta, y finalmente la charola de la comida, pero antes le ordena que saque a los perros: a Carmela, una chihuahueña negra y temblorosa; a Plata, un mechudito blanco; al Irish Teckel, cafecito; mientras que arriba en la azotea un enorme pastor alemán corre de un lado a otro.

CONTRA LA GORDURA

Son las dos y media de la tarde, el ensayo de *Lucrecia Borgia* era a las dos en el Teatro Fru Fru, pero Irma Serrano no lleva trazas de preocupación. Come las enormes pepas de dos chayotes acomodados sobre una charola que a su vez reposa sobre su vientre. Mastica plátanos con arroz, ensalada. Agarra las pepas con los dedos y las chupa como paletas.

—¿No va usted a llegar tarde?

—Siempre llego tarde. ¿Y qué carajos?

—¿No le apena hacer esperar a la gente?

CONTRATACION

—Supongo que se pondrán a ensayar algo mientras llego.

—¿No se enoja Jodorowsky?

—No le queda otro remedio que apechugar. Después de todo la idea de *Lucrecia Borgia* es mía. Sin mí, no hay obra. Además, los pinches actores tienen que ensayar más que yo porque son lentos. Yo todo lo aprendo en un momento. ¿No quiere la mitad de mi elote? ¿No quiere agua de tamarindo?

—Ahorita no, gracias. ¿Por qué es suya *Lucrecia Borgia*?

—Desde un principio la tuve toda en la cabeza; yo le di la idea a Jodorowsky. Lo mismo sucedió con *Nana*, yo adapté la novela de Emilio Zolá. Yo puedo escribir mejor que cualquier pinche periodista: por algo fundó mi padre todos los periódicos del Sureste. Cuando ya no me guste el teatro seré periodista, seré escritora chingona y va usted a ver la guerra que voy a dar.

—La gente que trabaja en el teatro con usted, ¿le tiene miedo?

—Sí, todo mundo me tiene miedo.

—¿Y eso le gusta?

—Sí, me parece bien. También asusto a los niños, ven algo en mis ojos, no se me acercan.

Irma Serrano vio al hijo de una de sus sirvientas corriendo en la azotea junto al enorme pastor alemán y empezó a gritar:

CONTRA ACADEMIA

—Bájenlo carajo, si no yo mismo voy a ir a bajarlo a chingadazos. Cómo serán de pendejas.

Lo cual no pareció preocupar a Raquel y a otra muchachita que le ayuda a Raquel a atender a la señora. Quiere llevarse al teatro el medio chayote que dejó en la charola, así como la ensalada. Raquel entonces ordena a otra mujer, que debe ser la cocinera, que escoja las hojas más tiernitas, las del centro, y las ponga en un recipiente de plástico, el chayote también, el caldo en otro, y se lo entregue todo al chofer. Mientras tanto corre a perros y perritos, contesta el teléfono, comunica a Irma Serrano con Clarita, con su comadre Lucha Villa, y va por las llaves porque se propone enseñarme la casa, sala, comedor, recámara, baño, trofeos y retratos.

—Yo a las pendejas no las veo. La mayoría de las actrices son tontas; yo no las veo, las miro sin verlas, sin interiorizarme en ellas, no quiero perder un solo minuto de mi vida pensando en ellas. Las borro. No existen.

CONTRA SOBERBIA HUMILDAD

—Cuando una gente bella e inteligente se acerca a mí, entonces la analizo, la aprecio en su valor y abro muy bien los ojos para verla. Verla en profundidad, no mirarla desde fuera, sin que su presencia me perturbe un solo momento. A la mayoría de la gente no la veo.

—En este momento usted habla mal de las mujeres, pero alguna vez leí que estaba dispuesta a ayudarlas a tener sus niños.

CONTRACEPCION

—¿A tener niños? ¡No, qué chingados, al contrario! (blande su tenedor en mi cara), ay, qué horror, pero qué horror, si las mexicanas parecen conejos, carajo, qué torpes, qué torpes, pobres pendejas. Yo lo que quiero es ayudarlas a no tenerlos. Tienen hijos como animales sin entender que un hijo necesita educación. Las mujeres que creen que con los hijos van a retener al marido, están muy equivocadas, no retienen nada, al contrario; el pinche machismo mexicano viene de allí, precisamente, del miedo de la mujer a perder al hombre. Yo lo que propuse es hacer una clínica de planificación familiar o como se llame, si yo fuera presidenta, carajo, las mandaba, como se dice en mi tierra, capar a todas. ¡No más conejos! Que tuvieran un hijo para entretenerse y ¡a volar!, allí acabaría su maternidad. Creo que ése es el único bien que se le puede hacer a la nación, y no hablar como jilguerillo, que si "México para los mexicanos". Si no hay México para los mexicanos, México es para los ricos, no para los muertos de hambre.

—¿No viven los muertos de hambre?

—Viven porque no están muertos, nada más, pero el mexicano no está preparado siquiera para entender a su tierra, saber qué es su país, cómo es, a qué tiene derecho, cuáles son sus obligaciones. Los mexicanos viven como animales, carajo, peor que animales, le cantan a la bandera como le cantaba yo cuando tenía seis años, sin la menor conciencia de lo que es realmente el patriotismo.

—Y ¿usted es patriota?

CONTRAHECHURA

—Para mí el patriotismo es tenerle un poco de amor al mexicano, sobre todo al inculto, al campesino, al obrero, al que engañan los cabrones políticos. Yo sola puedo hacer poco, no puedo ponerme en el desierto de Sonora a gritar como loca porque me quemo y perezco; sin embargo, sé que si yo estuviera en la política, sería muchísimo más eficaz que la mayoría de los pinches políticos. Ahora no estoy dedicada sino al teatro, pero quién sabe, la vida da vueltas y a lo mejor acabo en la política, porque el problema de la mujer pobre mexicana me interesa y yo, en un puesto clave,

podría ayudarla mucho más que cualquier cochino gobernador.
Por de pronto, las mujeres dejarían de ser huecos sexuales,
fábricas para producir niños. He hablado mucho con Monsiváis, con mi compadre José Luis Cuevas; sí, con mi compadrito
Cuevas, soy madrina de su hija, la más chica; bueno, no sé de
cuál, de alguna de sus hijas, con Salvador Novo, que fue muy
mi amigo, de la ineficacia y la corrupción de los políticos, desde el presidente para abajo, cualquier gente de razón podría
hacer una labor superior a la que ellos han hecho. A otra gente
a quien admiro es Ernesto Alonso.

CONTRACCION

—¿Y la diputada María Elena Marqués?
—Yo no sé qué es lo que haya hecho en política, no estoy enterada. Tampoco sé lo que ha hecho en cine. Mire, yo empecé mi carrera cantando, hice una carrera rapidísima, yo soy un producto de discos, se puede decir, canté ranchero; el primer disco mío pegó y de allí he triunfado en todo. Claro que al principio fui atacada ferozmente porque cantaba de minifalda y porque mi voz es ronca: "¡Pobre mujer, no canta, aúlla". Que si las piernas las tiene de cera, que si los ojos son de vidrio, que si la nariz se la operó...

CONTRATAQUE

...Bueno, pregúnteme qué carajos no han dicho de mí. Han dicho de todo. Triunfé en provincia y los periodistas me destruyeron. Bueno, lo pretendieron. ¡Según ellos todo tenía yo operado! Yo me reía, no le tengo miedo a la gente débil porque es chiquita, pichicata, y sus ataques apenas si llegan a rasguños. Muchos periodistas de espectáculos así son: diminutos, enanitos. Ninguno ha tenido la fortaleza de llevar adelante una campaña lo suficientemente inteligente para acabar conmigo: un pinchazo aquí, un arañazo allá. A mí ellos no me hieren, hieren a los pendejos igual que ellos. Los considero como a unas cuantas hormiguitas, muy poquitas, tratándose de comer un elefante.
—¿Usted es el elefante?
—Claro que lo soy.
—¿No que una tigresa?
—También, el apodo *La Tigresa* me lo pusieron en Comitán desde que era niña, porque siempre fui brava.
—¿Y los tigres no atacan por detrás?
—Yo ataco de frente, ahora mismo podría hacerla cisco, pero no se me da la chingada gana; la aguardo, la acecho a ver a qué horas cae (se carcajea). Me decían *La Tigresa* en la escuela por agresiva, por hosca, por solitaria, por mis ojos, por el color verde

(se chupa los dedos). Otros me decían pantera por el pelo negro, pero se me quedó *La Tigresa*, y sigo siendo *La Tigresa*. Yo puedo ser una mujer muy hiriente, usted no parece darse cuenta de ello, señorita. Sé tratar a la gente y raras veces me equivoco. Tengo olfato.

CONTRA ENVIDIA CARIDAD

—Si a usted la enfrentaran en un diálogo con María Félix ¿sentiría miedo?
—No. María es muy bella, yo también lo soy.
—¿Tan bella como ella?
—Sí. Tengo mucho menos años que ella, tengo más obras por delante que ella; ella es muy inteligente, pero no tiene la clase de inteligencia que yo tengo, y soy más verdad, a pesar de mi admiración por María.
—Pero más verdad ¿en qué sentido? ¿Es usted más "verdad" porque declara cualquier cosa, hasta lo que no?

CONTRAPESO

—María es más "estrella" podríamos decir, yo soy más vida, soy más mujer. Ella conserva un sitio, lo cuida con habilidad y ya; a mí eso no me importa, no me importa el sitio que tengo ni lo que he conquistado. Ella sí lo cuida todo. No quiere que le arrebaten nada. A mí no me importaría perder esta casa, que se hubiera inundado totalmente con las lluvias, que todo flotara en el jardín, las sillas de oro, mi cama de piel de tigre, las muñecas, nada, nada, las sábanas rojas... Yo nací encueradita y tengo la suficiente audacia para rehacer una fortuna diez veces.
—¿Una fortuna tan grande como ésta?
—Sí, y más grande. En cambio María, Dolores del Río, Silvia Pinal, cuidan su dinero, su posición, su salud, su reputación, su prestigio; calculan cada uno de sus pasos. Yo no, y en eso y por eso soy muy superior a ellas porque me la juego.

—¡Dios mío!, entonces ¿usted nunca ha fracasado?

—Nunca, ni lloro, ni me desespero ni me deprimo en lo absoluto, ya le dije a usted que soy una chingona; nada me vence ni me ha vencido jamás. No, no insista usted en la palabra "depresión"; no conozco yo esa palabra. Tengo accesos de rabia, pero una vez que han pasado me quedo tan fresca como una lechuga.

—Bueno, pero ¿qué cosas duras le han pasado a usted?

—El único ser que me importaría que se muriera es mi madre, pero espero que me viva la viejecita bastante tiempo. A mi padre yo lo amaba mucho; pero yo no puedo ver sufrir a la gente, yo a la muerte no le tengo miedo; le tengo miedo al sufrimiento y mi padre estaba sufriendo, entonces, creo que me alegré cuando él dejó de sufrir.

—Y ¿usted nunca ha sufrido?

—No, nunca.

—¿Ni siquiera cuando se acaba una de sus relaciones amorosas?

CONTRAMARCHA

—No, no, al contrario, carajo, yo soy quien busca que se acabe, porque llegó el desencanto, la aburrición y digo: "Hasta aquí, carajo", y soy la que pongo el punto final. ¿Hijos yo? No, yo a los hijos los he evitado, no quiero tenerlos, aunque tengo una niña adoptada y posiblemente adopte dos más dentro de algunos años y no precisamente para hacerla de pilmama, que es lo más alejado de mí, sino porque cuento con los medios para darles educación, y mandarlos al extranjero. Quiero hacer de esos tres niños personas valiosas. Como le dije, a mí no me gustan los niños, me exasperan, no soporto más grito que el mío.

CONTRARIEDAD

La Tigresa ahora se hace anchoas en el pelo de la frente que yo veo muy chino, pide tubos:

—Raquel, Raquel, tráeme el fijador... Tráeme más pasadores ¿quién carajos te dijo que sólo dos, Raquel?...
Los perritos Plata y Carmela saltan en torno al sillón negro. Irma Serrano esta vez da un gritote que me hace saltar al techo:
— ...¡Los pasadores!
Luego suelta otra retahíla de groserías. Como que no vienen mucho al caso, pero ella las dice con una gran naturalidad. Apago la grabadora y le digo:
—Ya que no sirvo como periodista a ver si sirvo como vestidora, si me dice dónde están los pasadores, voy a buscarlos.
En este momento vuelve Raquel casi sin aliento, ha contestado tres telefonemas, ha ido a la cocina a ordenar que se aparte la ensalada y el chayote de la señora y buscado unos prendedores con los cuales Irma Serrano sostendrá sobre su cabeza una suerte de turbante que le queda divino. Y ha indicado al chofer que saque la limusina, un carrote inmenso como el que usaba el coronel García Valseca para pasear en Chapultepec.

CONTRA EL DIABLO

—No se moleste, señorita, no se moleste (sonríe con sus dientecitos redondos que acaba de lavarse con gran lujo de fuerza). A mí me exorcizaron de niña, sabe usted, yo era la lideresa del demonio y de la maldad, estaba poseída, según mi madre, y dos curas vinieron a bendecirme y a sacarme los demonios, pero qué bueno que no me los sacaron ¿verdad? Estoy toda rociada en agua bendita desde chiquita. ¿No se me ve el agua bendita?
—¿Y usted cree en la brujería?
—A medias, a medias, yo creo en todo y no creo en nada. Soy curiosa como pocas mujeres, tengo ánimo de explorador, todo me gusta investigar y conocer. Además de esta casa tengo muchas casas, a lo largo de la República: en Cuernavaca, en Acapulco, tres ranchitos en Chiapas, pero nunca voy; las casas se quedan esperándome. Yo al campo no voy, me aburre. Las casas, son seis en total, las compré por capricho pero ir allá me

aburre, me aburre salir. Además no tengo tiempo... ¿Cómo ve usted mi casa?

CONTRAPELO

Balbuceo algo, digo alguna frase ligada con el circo, los colores del circo, rojo y oro, y ella se anticipa a cualquier comentario contándome que una periodista le dijo que su casa tenía los colores de los prostíbulos y ella inmediatamente respondió: "Usted, que los conoce, pendeja, porque yo jamás he entrado a uno".

¿Cómo describir la casa de Irma Serrano? Así como su dueña está más allá del bien y del mal, "La Guarida de la Tigresa" está más allá de lo bello y lo feo, más allá de cualquier clasificación. En su recámara campea la inmensa y ya célebre cama redonda, las sábanas son rojas, tras de la cama cuelga un drapeado de pieles de tigre y de oso y cordones dorados o de oro, como de tienda de campaña de algún rey de Persia. Al lado de esta cama que es una pura hemorragia, como la mancha de sangre que Lady Macbeth jamás pudo lavar de sus manos, tembelequean unas sillitas doradas o de oro, de patas de chichicuilotito, flacas, flacas, cubiertas de tapicería, sobre las cuales están sentadas muñecas mudas y de ojos de vidrio grandemente abiertos. Son muchas las sillas y muchas las muñecas que aguardan, despeinadas unas, otras antiguas de porcelana muy blanca, otras muy altas con las piernas que les cuelgan, y en una de las sillas se sienta un bebé, redondo, con gorrito, el más parecido a un niño dentro de esta corte silenciosa y petrificada. El cuarto repleto de drapeados, cortinajes, pieles de tigre, cebra, leopardo, huele a circo. En medio de dos vírgenes que alzan los ojos al cielo y enseñan el blanco del ojo en actitud implorante, cuelga impredecible un manojo de ajos.

CONTRA EL OLVIDO

Asimismo un trofeo africano que obtuvo Alejo Peralta y regaló en homenaje a Irma Serrano; retratos de la Tigresa, vírgenes, figuritas y flores de migajón. Al fondo de la recámara aguarda la tina, como la de Cleopatra en las películas de Cecil B. de Mille, todo en grandioso technicolor; es una alberca sumida en el piso, rodeada de alfombras y con escalones como para bajar a una limpísima cripta mortuoria de bordes a escuadra, parece inhóspita; a un lado, un pedacito de jabón, pero muy, muy chiquito y un pelo largo, negro, más largo y más triste que la cuaresma. La Tigresa me dice animosa:

—Véalo todo, véalo bien, no tenga cuidado, está usted en su casa. (Raquel abre las puertas cerradas con llave y no me atrevo a ver nada con detenimiento, porque todo me parece apabullante, pero apabullantemente feo, y no, no puedo verlo con sentido crítico, sólo me deja anonadada).

CONTRAPRODUCENTE

¿Es esta una sacristía profana o una pesadilla? Hasta una roca negra de piedra volcánica característica de El Pedregal, ha sido pintada con oro. Los sillones se retuercen bajo molduras de oro, las columnas, las patas de la mesa, las cornisas, los espejos, todo es retorcimiento dorado. Los terciopelos machucados envejecen y sobre la gran mesa del comedor aguardan y se empolvan, dispuestas como para una película de Drácula, ¿o será de la familia Adams?, unas copas de largo tallo esbelto de cristal rojo de Checoslovaquia. Algunos muebles se parecen a aquellos que pueden verse en el Castillo de Chapultepec, "love seats", poufs, sofás ovalados cubiertos de cordones, flecos, guirnaldas, tapicería bordada, tibores, jarrones de flores sin flores, pompones, agarraderas, banquitos. La Tigresa grita en mi intención:

—"Todo me lo he comprado con mi dinero."

De los rincones caen cantidades desbocadas de terciopelo rojo. Dicen que La Tigresa suele soltar tigres que corren por las habitaciones, tigres o tigrillos o saltamontes; que acostumbra aventarlos en la cama redonda para amedrentar a sus enamorados, que por todos los rincones se oyen rugidos y maullidos. Yo no vi más que perritos casi pequineses, de patas Chippendale falderos e inofensivos. ¿Serán esos los tigres que ella transforma al domesticarlos? En el patio, hay una chocita de paja tipo africano con un techo cónico, pero bajo él no se ve tigre alguno.

CONTRA MI

—¿Y los rugidos? —regreso a preguntarle.
—¿Cuáles rugidos? No sea usted... Aquí la única que ruge soy yo... Uy, usted como periodista es lenta, pero lenta... Raquel, la cinta del pelo.

Me ofrezco a traerla, en realidad la Tigresa me tiene a sus órdenes, obnubilada, ya no sé ni lo que digo, si ahora me pidiera que fuera a comprarle una caja de pestañas postizas al Super del Pedregal saldría corriendo. En vez de ello le pregunto.

—¿A qué huele?
—¿Cómo que a qué huele? ¿A qué huelo yo? ¿A qué huele la casa? (Me mira ofendida).
—Todo, ¿a qué huele todo? Huele a zoológico, huele rarísimo. (Se irrita, habla desde lo alto):
—Mire, yo a las que critican mi casa las mando al carajo. ¡Que el público vaya a ver cómo viven ellas, en qué clase de muladar! Oye, un poquito de spray, chaparrita —le ordena a Raquel—. ¡Oye!, el otro cepillo, chaparrita, por favor... ¡El otro!, con ése me jalo mucho, el otro, ¡ándale, chaparrita!... Mire, me está saliendo pelo güero, ¿ya vio usted?
—No veo nada, señora Serrano.

CONTRADANZA

—¿Pues qué cosa ve usted? De veras que es usted simple, de veras le falta malicia. ¡Uy, yo como periodista! Vería usted qué artículos más chingones haría, las cosas que diría. Lo malo es que en este sexenio me han congelado, me tienen miedo en todas partes. No me han invitado a hablar en televisión, porque no tengo pelos en la lengua. ¿Ya vio usted las porquerías de películas que se han hecho en los últimos años? ¿Cuál cine mexicano? A ver, ¿cuál? ¿Cuál teatro? ¿Le parece que lo que hace Manolo Fábregas es teatro? Ah, ¿le gusta a usted? Pues eso no es teatro, sépalo de una vez, no tiene nada que ver con el teatro; y el cine de los últimos años, es una reverenda cochinada.

—Usted, ¿no dice las cosas simplemente para escandalizar, Irma?

—Usted ponga lo que yo le digo; yo estoy dispuesta a respaldar todas y cada una de mis cabronas palabras y a cargar las pinches consecuencias. Además, yo le estoy dando material para muchos artículos; usted es la periodista, no soy yo, usted puede investigar lo que ha hecho Rodolfo Echeverría en el cine y verá que no ha hecho nada, pobre pendejo. Investíguelo usted, averígüelo, usted que es la periodista... (Sus ojos echan chispas).

CONTRA CONTROL

... ¿O qué no hay libertad de prensa, señorita, no la hay? Yo si estuviera en un periódico, no podrían conmigo porque si no publicaran un artículo mío iría a gritarlo a la plaza de las Tres Culturas, que me oyeran los que iban pasando, pero yo gritaría a voz en cuello, me canso de que gritaría en el zócalo. Yo nunca he querido quedar bien con ningún cabrón, nunca. A mí mucha gente que me cae mal y yo le caigo de la patada a muchos también. Pero ¿usted cree que me importa? No, a volar, no me importa, al carajo, todos al carajo. ¡Mexicanos al grito de gueeerra...! (Se pone a cantar el Himno Nacional).

—Entonces ¿usted ha hecho su éxito a base de escándalos?

—Yo no hago ningún escándalo, me los hacen a mí, no muevo una pinche ceja cuando ya me hicieron un escándalo.

—A mí se me hace que usted ha triunfado y ha construido toda su carrera sobre el escándalo.

—La he construido sobre mi trabajo que es muy grande; nunca me enfermo, por lo tanto siempre trabajo y siempre me va bien. Para mí, triunfar ha sido un placer soberano, yo soy una reina.

Lo que hace cuarenta años hubiera sido la destrucción de una mujer, es hoy el triunfo de Irma Serrano. Sus escándalos han provocado su éxito y han sido los eslabones de una carrera fulgurante. Por ejemplo, la Procuraduría la llama a declarar en torno a un espantoso fraude de narcotraficantes, cocainómanos, y ella se presenta con un vestido tan apantallador que la convierte en el punto de mira de todos, se burla del investigador y da las gracias por la publicidad gratuita, que todo ello servirá para promover la próxima obra teatral. Desafía a todos.

CONTRAVENENO

Lo mismo sucede con su casa en El Pedregal. Supongo que las casas junto a la suya serán igualmente ostentosas. Sin embargo, la de la Serrano es tan delirante, que si los campesinos llegaran a posesionarse de ella, les caería en gracia y la salvarían. Como lo dice muy bien Carlos Monsiváis, se trata del "inconsciente liberado de El Pedregal". Lo que en los demás es "probidad", la casa que según ellos merecen y han hecho con su esfuerzo personal, en Irma Serrano es la provocación, elaborada ostentación del "ahora sí, ya llegué". Irma Serrano también les caería bien a los campesinos porque comparte en el fondo su lenguaje; les hablaría como La Pintada, el personaje de Los de abajo de Mariano Azuela, a puro reatazo, a mandarriazo limpio y se saldría con la suya. Posiblemente la convertirían en la Adelita mayor, la de más temple.

CONTRAMACHISMO

Desde que María Félix instituyó hace ya más de veinte años "el no dejarse", el hablar golpeado, mangonear a todos, el imponerse, les hizo un chico favor a las mujeres mexicanas. En cierta forma y quizá inconscientemente Irma Serrano ha optado por la misma conducta. Ella no va a ir a engrosar las ya apretadas filas de "las dejadas". Denuncia, da órdenes y su reinado es el Teatro Fru Fru. Comprado por ella, pasa en él muchísimas horas de su vida, y es la séptima de sus casas, también oro y rojo como su casa de El Pedregal. No hay quien se atreva a levantar la vista, mucho menos la voz. En el Fru Fru su reinado es el del terror. Por eso Jodorowsky, autor del Teatro Pánico, se siente bien plantado entre las patas de las fieras.

—Irma, ¿por qué es usted tan estrafalaria para vestirse? (Se irrita de nuevo).

—¿En qué sentido estrafalaria? ¿Porque me escoto mucho, me pongo vestidos finos, caros? ¿Eso le parece estrafalario? Se me pega la chingada gana. Para ir a la Procuraduría me vestí así para burlarme de todos los pinches periodistas, para enseñarles mi belleza y mi alegría de vivir, y como dice María Victoria en sus programas, para que compararan sueldos... (Se ríe, me voltea a ver, se ríe, ve a Raquel y otra vez se ríe).

CONTRAESPIONAJE

Acompaño a Raquel a la recámara de Irma Serrano, la inmensa concha dorada, tras de la cama nos deslumbra y comento: "Yo no podría dormir aquí", y ella responde de inmediato: "Ay, ¿pero quién?", solidarizándose conmigo.

CONTRACANTO

Regresamos a la chaise-longue donde Irma Serrano despotrica en contra de las actrices, dice que son unas bestias. Silvia Pinal le parece frívola, tan frívola como cualquier corista. Cuando objeto que trabaja sin parar y que esto me parece admirable, responde:

—Baila más o menos bien, canta más o menos bien, se mueve más o menos bien. Es inteligente más o menos bien, en fin, es medianera, medianerita... Creo que de ella no se dirá nada cuando muera, nada bueno y nada malo. En cambio yo, quizá hablen mal de mí, pero hablarán.

Dolores del Río por Tina Modotti.

Dolores del Río por Gabriel Figueroa.

*Dolores del Río en 1934 muestra el primer traje de baño de dos piezas
que apareció en las pantallas.*

El sueño de los pobres.

Chabela Villaseñor

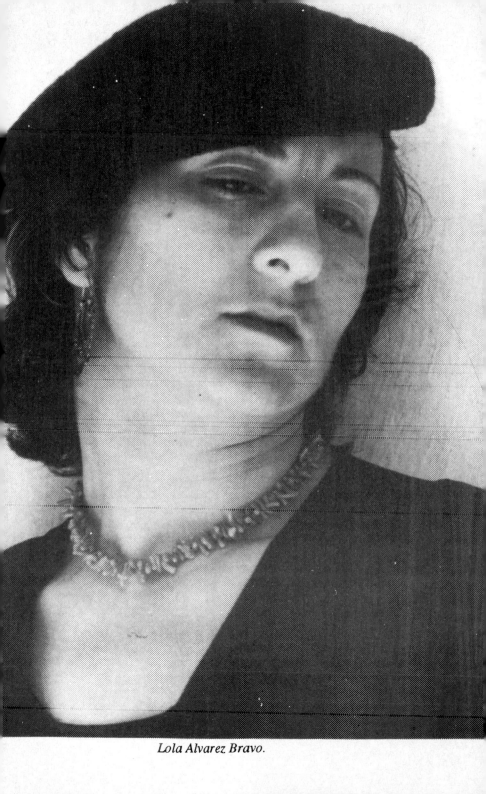

Lola Alvarez Bravo.

Lola Alvarez Bravo.

Irma Serrano en la procu.

La Tigresa

En el Senado.

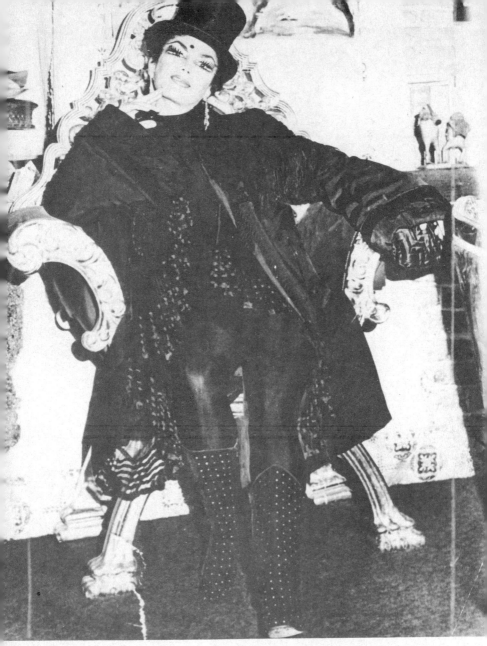

Nana.

Roberto Montenegro por Sergei Eisenstein, 1930.

Marlene Dietrich.

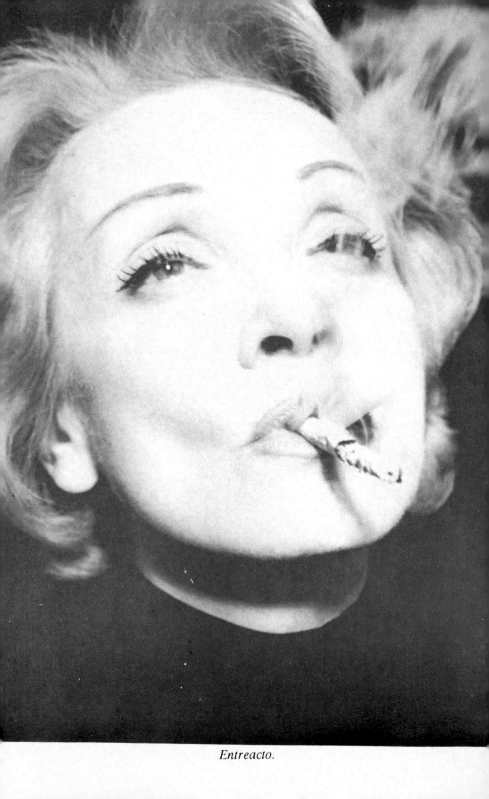

Entreacto.

Las piernas más caras del mundo.

La dulce abuela.

En la película Kismet.

Barry Goldwater con Nelson Rockefeller.

Richard Nixon y Barry Goldwater, los dos republicanos.

Al centro María Izquierdo con Inés Amor, Lola Alvarez Bravo, Lupe Marín, entre otros.

María Izquierdo con su hija Amparo.

CONTRA LA MUERTE

—¿Usted trabaja para la posteridad?
—Sí. (De nuevo tararea el Himno Nacional). Las campanas para mí solita suenan, nunca he hecho nada para que suenen y solas tocan cuando se trata de mí. ¡Mexicanos al grito de gueeerra!
Son las tres. Acompaño a Irma Serrano a la puerta.

CONTRA LA MALA SUERTE

A la hora de despedirme me dice: "Yo tenía un lunar chiquito en la frente, yo misma me lo agrandé pintándomelo. Me ha traído mucha suerte. ¿Usted por qué no se pinta un lunar para mejorar su suerte?"

La última imagen que me llevo de Irma Serrano es de ella sonriendo antes de que el chofer cierre la puerta para hacerla desaparecer tras de un inmenso anteojo negro.

IRMA SERRANO: LOS ZARPAZOS DE LA TIGRESA

En 1978 Irma Serrano declaraba tener 35 años de edad y haber nacido un 9 de diciembre a la mitad del camino entre Comitán y Tuxtla Gutiérrez, Chiapas. En su primer libro autobiográfico, *A calzón amarrado,* aseguró también que su madre la dio a luz a los 50 años de edad, que el embarazo duró 11 meses, que pesó 6 kilos al nacer de pie durante el trayecto al hospital y que su primera acción fue dar de patadas a los parteros. Su nombre completo es Irma Consuelo Cielo Serrano Domínguez, su signo zodiacal es Sagitario y su ascendente Escorpión.

De unos años a la fecha, Irma Serrano se niega a proporcionar dato biográfico alguno. Ni en los archivos de la ANDA existe su historial, aunque *A calzón amarrado* continúe circulando y vaya ya por los 300 mil ejemplares vendidos en 17 ediciones. "Vivo para el futuro; lo que pasó, pasó", dice ahora quien, a lo largo de dos décadas, ha sido en México el arquetipo de la mujer escándalo.

Todo comenzó cuando, a los 17 años de edad, Irma hizo caso a quienes, al elogiar su belleza, le sugerían ingresar al medio artístico. Había llegado a la ciudad de México años antes, niña casi, cuando un poderoso político (que se deduce era Fernando Casas Alemán) la hizo su amante. Al escapar con él, Irma dejo atrás su vida familiar que era cómoda en lo material pero infeliz en lo afectivo. Hija de Santiago R. Serrano *El Chanti,* poeta, indígena, culto, políglota, bohemio y de María Domínguez Castellanos, aristócrata, dueña de 17 haciendas, sufrió el divorcio de sus padres a la edad de 7 años y desde entonces se volvió rebelde y caprichosa. Llegó incluso a golpear a su madre con un garrote y a prender fuego a sus trenzas. Cuando intentaron practicarle un exorcismo, la emprendió a insultos y puntapiés contra el sacerdote, lo que mereció su excomunión y de paso la de su madre. A su padrastro le fracturó el cráneo en 7 partes, provocándole una conmoción cerebral que por poco lo manda a la tumba. Prodigó su capacidad de afecto en los animales y encontró refugio en su nana, que practicaba la brujería y de quien se contaba que era nahual, es decir, que por las noches podía cobrar forma animal.

Típica "niña marimacho", gozó de libertad para jugar con los hijos de los peones, treparse en los árboles, esconderse entre las ceibas y hacer cuanto deseara siempre y cuando trajera el calzón que, para guardar su castidad, le amarraba su nana con nudos que únicamente ella sabía desatar.

Ostenta ser bruja de nacimiento, como su nana, a quien acompañó a hacer limpias, invocaciones de espíritus, curaciones extrañas y predicciones fatales. A la fecha, ofrece consultas y remedios a sus amigos artistas, y confiesa haber hechizado a sus enemigos como Sonia Infante, ocasionándoles desgracias interminables. Cuando la prensa la incluyó en la lista de adoradores de un grupo de narcosatánicos, ella se presentó ante el procurador por propia voluntad para declarar: "No tuve el gusto de conocerlos ni de saber nada de ellos, pero si no, me canso ganso que los hubiera buscado hasta el fin del mundo para saber de qué se trataba todo eso. ¡Los abras cadabras y las misas negras son mi mero mole!"

Sus intensos y felinos ojos verdes fueron siempre en ella el rasgo más llamativo. Es rubia natural y de cutis sonrosado; las fotografías de su infancia y primera juventud lo demuestran. Asegura haber posado así para Diego Rivera mientras vivía con Fernando, que fue su primer amante pero no su primer amor, aclara: este honor le correspondió a Jorge de la Vega Domínguez, su primo, de quien se enamoró a la edad de 7 años. Dice también ser prima de Rosario Castellanos, quien ya de niña la había llevado a estudiar a la ciudad de México pero la regresó a su tierra luego de que la expulsaron del Colegio del Sagrado Corazón por mala conducta. Antes, *Chayito* le dijo: "Tú, Cielo, nunca vas a ser como las demás, nunca vas a ser normal... El ser diferente es un premio que te ha dado la vida, aunque quizás el precio sea la soledad".

El rompimiento con Fernando sobrevino cuando se practicó un aborto sin el consentimiento de él, quien sin embargo, la había obligado a hacerlo en ocasiones anteriores. Irma salió de la casona en Tlalpan que él le había regalado jurando no hacer uso de todos los lujos que encerraba hasta no lograr algo por sí misma. Tenía 17 años y, según cita en *A calzón amarrado*, para entonces había estudiado la carrera de Filosofía y Letras en la Universidad; "llegué hasta cuarto año con título de suficiencia", indica, aunque más adelante dice que su ortografía es tan mala que escribe amor con "h".

Alojada en la modesta casa de unas tías venidas a menos en la colonia Industrial, Irma realizó una breve incursión en el periodismo, en *Excélsior*, donde no pudo sobresalir debido "a mafias y envidias". Fue entonces cuando decidió incursionar en el medio artístico. Ahí, su primer trabajo fue anunciar un interfón en un programa de Televicentro, por lo que recibía 20 pesos a la semana. Las penurias le hicieron bajar 18 kilos, pero esa delgadez no impidió que la mayoría de los productores, desde Ismael Rodríguez hasta Sergio Cogan, intentara aprovecharse de ella.

Un día, con 19 años de edad y harta de humillaciones, Irma decidió ser otra. "Tenía que ser más dura y más mula que todos juntos". Entonces se pintó el cabello de negro, exageró su maquillaje subrayando sobre todo sus ojos y agrandando un pequeño lunar claro en la frente, y se convirtió en *La Tigresa*. Por supuesto, se consiguió un nuevo amante: Selem Tame, árabe, rico y poderoso. El romance duró dos años.

Irma Serrano es compositora y se adjudica la autoría de canciones tradicionales como *La Martina* y *El ausente*. Su primera oportunidad surgió cuando, al ofrecer sus canciones rancheras a Ramón Inclán para un programa de aficionados, éste y Mario de la Piedra se interesaron en su voz bravía, rasposa, extraña. Hizo su primera aparición como cantante con un vestido cuyo escote tuvo que cubrir con una pañoleta por ser demasiado atrevido para la televisión. Al principio alternaba con Cuco Sánchez, acompañados en la

116

guitarra por Antonio Bibriesca, pero al poco tiempo Cuco renunció: "No quiero seguir adelante con una mujer que canta tan feo".

Luis Dillon la lanzó como revelación en el programa *Viva México*, junto a Lucha Villa que ya era consagrada. Su personalidad le atrajo una andanada de protestas y agresiones, lo cual lejos de afectarle la llevó a hacer 32 programas más. Sorprendió y fascinó una cantante que abría sus portentosas piernas bajo una minifalda ampona a la vez que emitía gritos estertóreos. La CBS le grabó su primer disco y la llevó a realizar giras por toda la república. *El Preso* fue su primer éxito, y luego su popularidad se disparó, pese a los ataques de la crítica. "En seis meses me convertí en la cancionera número uno del país", recuerda. Esto la hizo blanco de envidias, pero ella se defendió como tigresa panza arriba. "A más de una folklórica tuve que romperle la cabeza, o por lo menos jalarle las greñas".

Incursionó en el cine, siempre en papeles de mujer bravía y pendenciera. También, sobresexualizada. En la pantalla grande realizó sus primeros desnudos. Jorge Ayala Blanco refiere algunos de los títulos de sus películas: *La chamuscada* y *El Caudillo* de Alberto Mariscal en 1967, *La Martina* (71) y *El valle de los miserables* (74) de René Cardona hijo, *Nana* de Baledón y Bolaños en 79 y *Lola la Trailera* de Raúl Fernández en 84. El crítico la considera vanguardia del hembrismo en el cine nacional: "Ejerce la castración como una de las bellas artes de la comedia ranchera".

Hacia fines de los años sesenta, dos películas que realizó con Gregorio Wallerstein y dos con Antonio Matouk fueron enlatadas; también sus discos sufrieron el veto de tiendas y radiodifusoras. Irma concluye que la orden provino de la esposa de Gustavo Díaz Ordaz, y la razón era que el amante en turno de La Tigresa era nada menos que el presidente de la república. Convertida en "la segunda dama del país", aprendió los secretos de la política gracias, dice, "a que soy muy preguntona y me gusta poner a funcionar mi cerebrito". Asegura que los sucesos de Tlatelolco en 1968 fueron propiciados por Luis Echeverría, de quien apunta que "era demasiado rastrero, carente de dignidad". En sus memorias narra como Echeverría le amarraba a Díaz Ordaz las agujetas de los zapatos y a ella le pelaba las naranjas y le conseguía permisos de importación que acrecentaron su fortuna.

Cinco años duró su relación con Díaz Ordaz; terminó un año y medio antes de que éste dejara la presidencia. A modo de despedida, ella se presentó en Los Pinos con un mariachi, le cantó *Por andar con un casado* y le dio una sonora bofetada en medio de una elegante recepción.

Después, Irma Serrano decidió dedicarse al teatro y, para empezar, se compro uno, el Virginia Fábregas, al que rebautizó como Fru-Fru ante la indignación de los teatristas. Montó una versión por ella escrita de *Nana* de Emilio Zolá, pródiga en desnudos y palabrotas, que causó escándalo. "Escándalo social de orígen político" llamó Carlos Monsiváis a la Serrano en una crónica incluida en su libro *Amor perdido* donde cita sus palabras: "No pensarás que esto que tengo me lo gané trabajando. Sabes por qué he buscado a un señor? Para no tener mil. ¿Sabes por qué me sostengo de torres? Para no agarrarme de palillos. Por eso he buscado sostenerme en un personaje. Todo se lo debo a un señor o a varios''.

Alejo Peralta, el poderoso hombre de negocios, fue su siguiente señor, allá por 1977. "Ese era tan vulgar como yo'', recuerda. Lo describe tacaño y como "una máquina de trabajar''. De entonces hacia acá, los escándalos de Irma Serrano tienen ya poco que ver con sus amores. "El campo de los hombres se me ha ido limitando. En estos momentos es muy difícil que pueda encontrar un hombre en México. Hasta al más pintado y al de más cojones ya le quedo grande''.

Paulatinamente, ha dejado de lado la carrera artística. A mediados de los años ochenta causó estupor un disco en el que fusionaba el rock con la música ranchera; éste fue un fracaso de ventas y no ha vuelto a grabar. Su fama de mal hablada y boquifloja la ha alejado de la radio y sobre todo de la televisión, donde sus arranques han provocado la suspensión de varios programas a los que ha sido invitada.

Aunque prometió no hacer una segunda parte de sus memorias, Irma Serrano publicó en 1979 *Sin pelos en la lengua*. "El público me lo pidió'', fue su explicación. A causa del primer libro, la editora Gerd Fleischer, sueca, fue deportada. En 1992 Irma completó la trilogía con *Una loca en la polaca*, donde narra sus experiencias como candidata a senadora por Chiapas.

La Tigresa se convirtió en la figura más pintoresca de las elecciones federales de 1991. El Partido Frente Cardenista de Reconstrucción Nacional le ofreció la candidatura para la cámara alta y ella aceptó aunque ni siquiera sabía cuál era la línea política de ese partido. "Mientras no sea el PRI, yo le entro'', declaró, y se lanzó a hacer su campaña. Durante ésta, afirmó haber sufrido un secuestro. La emprendió contra todo el sistema priísta, principalmente contra el gobernador de Chiapas Patrocinio González Blanco; *Ladrosimio* lo apodó y lo llamó "asesino'', "ratero'', "asqueroso'' y "maricón''. Cumplió su advertencia: "Mi arma será la lengua''. Recorría los poblados ataviada con suntuosos vestidos y costosas alhajas. "A los chiapanecos les gustó siempre mucho cómo me arreglaba yo. Les encantaban mis joyas, mis sombreros, mis mascadas, mis botas, todo, todo. Si están tan jodidos, siquiera que tengan algún entretenimiento''. Hizo algunas apariciones en actos políticos vestida con un corset de encaje. Fue llamada *la Cicciolina mexicana*.

Se dijo víctima de un fraude electoral y acusó al PFCRN y a su líder Rafael Aguilar Talamantes de haberla engañado. El 24 de octubre de 1991, durante la sesión calificadora de las elecciones de Chiapas y seis estados más, Irma se presentó en la Cámara de Senadores y subió a la tribuna para defender su triunfo. Se paró sobre una caja que, dijo, contenía las pruebas del fraude: boletas, videos, fotos y credenciales falsificadas. Comparó a la cámara con un teatro y llamó corruptos a los legisladores priístas, a quienes recordó: "Yo sé la vida íntima de muchos de ustedes...''

Rugió:

"Una vez dije que, de llegar a senadora, 61 priístas serían mucho reto para mí. Ahora digo y siento que soy mucha mujer y demasiado reto para ustedes, disciplinados títeres, que lo único que les importa es estar aquí presentes hasta que el dedazo del señor los coloque en mejor lugar... No necesito esa silla, que sin haberla ocupado sé que me haría sentir anulada".

Visité de nuevo a Irma Serrano en 1992 en su nueva casa de Las Lomas y en la mera entrada, a la vista y en lugar de honor, vi un busto de Gustavo Díaz Ordaz quien con sus anteojos de bronce dominaba la avalancha de oro, oro en los marcos de hoja de oro, oro en los sillones de terciopelo rojo, oro en los espejos, oro en las patas de las sillas, oro en las bases de las lámparas, las alas de los arcángeles, oro en el borde de las copas de cristal de la mesa puesta, oro en los tenedores y cuchillos, oro en las cómodas, las balaustradas, las columnatas, los querubines, las lámparas, los portarretratos (algunos de Díaz Ordaz), tibores, floreros, ceniceros y figuras de porcelana, oro en las columnas, los altares, las volutas, los cornucopios, los esquineros, los saleros y los altos muros tapizados de rojo de los que cuelgan los pesados cortinajes de damasco rojo detenidos por grandes cordeles de hilo de oro.

La casa amarillo mostaza del Paseo de la Reforma número 1305, el *Cielo Serrano*, contra esquina con la casa de Celia y Jaime García Terrés no es ningún cielo. Tiene mucho de sacristía, de confesionario de vicio y fornicio, de pecado mortal, de voluptuoso carromato de gitanos, de flor del mal sin Baudelaire. Es un derroche truculento, abracadabrante, apantallador y barroco del subconsciente serranista. También resulta selvático porque las pieles de trigre, de cebra, de leopardo se mezclan feroces con las porcelanas y el llamado de la selva se hace oír tras los múltiples crucifijos que cuelgan sin ton ni son entre tantas evocaciones animales. Genio y figura hasta la sepultura, Irma Serrano vive entre relojes que suenan muy fuerte, todos caminan pero ninguno a la hora en que debería estar "porque yo nunca pongo la hora, considero que llegué a destiempo a todos los sucesos de mi vida. Hay una cosa totalmente disímbola entre mi vida y lo que soy".

En esta segunda entrevista, Irma Serrano quiso enseñarme sus pies para explicarme la tortura de su campaña en Chiapas:

—Mira mis pies, con que veas mis pies tendrás toda la explicación, míralos, míralos bien, son diminutos, tengo un pie llamado *Norton* que hasta acostada te duele profundamente; el arco muchísimo muy alto, los metatarsos muy pequeños, entonces caminar resulta muy doloroso para el pie, casi un martirio. Sin embargo, con esos piecesitos he dado mucha guerra, he hecho más de siete revoluciones juntas, caminé desde luego mucho más que el del PRI. Con esos piecesitos y mis botas, mis sombreros, mis joyas, mis cadenas, mis mascadas, mis ojazos les encanté a todos los chiapanecos. Si están tan jodidos, siquiera que tengan algún entretenimiento ¿no, mi reina?"

Ha manifestado su interés de continuar en la carrera política desde la oposición; en particular, ha hablado de su simpatía hacia el Partido de la Revolución Democrática. También ha expresado su deseo de abandonar un poco la práctica del *garanga ranga* "la Filosofía del no movimiento" y salir de su caserón amarillo mostaza en Las Lomas, repleto de objetos que es dada a coleccionar, para volver al canto y a la actuación. Mientras tanto, apunta en *Una loca en la polaca:*

"Se me ha tachado de la vieja más vulgar y escandalosa. Desde espía del FBI hasta miembro de *Los Locos Adams.* Desde ratera, hasta robahombres. Dicen que soy trituradora de inquilinos, devastadora de árboles, envenenadora, caníbal y difamadora. Tantas cosas soy para el público, que me pregunto: ¿Qué haría México sin este chiste llamado Irma Serrano?"

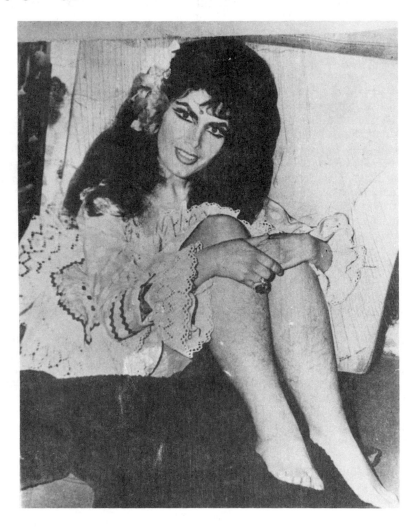

LAS SERPENTINAS EXUBERANTES DE ROBERTO MONTENEGRO

Alto, altísimo, delgado, pulcramente vestido, fino, Roberto Montenegro parece un roble que el viento respeta. Es igualito a esa foto que le tomó Sergei Eisenstein en 1934 con su cachucha, sus piernas separadas, sobre el telón de fondo del Ixtaccíhuatl y el Popocatépetl, una pierna para cada volcán. En esa foto parece un hombre de campo, un proletario, en realidad es un dandy a quien le gustan los salones, los paisajes exuberantes, los horizontes atiborrados, las llanuras repletas de arabescos, los muros cubiertos hasta el último milímetro con flores, frutos y odaliscas, los gritos tapatíos de: "¡Ay, Jalisco no te rajes!" y la convivencia con jaliscienses como él: Jorge Enciso, el Dr. Atl, y de lejecitos José Clemente Orozco.

Rodeado de muebles antiguos, de cortinas de encaje, de imponentes libreros de caoba, de objetos de plata, de sillas de pera y manzana, de mesitas y esquineros, Roberto Montenegro vive en una casa que podría llamarse porfiriana a no ser porque él le ha impreso su sello personal así como sus retratos se reconocen de inmediato. Sus cuadros son su voz, su modo de ser. Como en el cine, parecen *close shots* de personajes mexicanos: el anticuario Jesús Reyes Ferreira, la bellísima Madeleine Casasús, Julio Castellanos quien enamoró a mi tía Carito Amor, Salvador Novo que dice que la única mujer en quien confía es en mi tía Carito, Mariano Azuela, Genaro Estrada, y otros que no sé quiénes son.

Roberto Motenegro se mueve con suprema elegancia. Me ofrece un té inglés exquisito servido dentro de tazas de porcelana más exquisitas aún. La casa huele, curiosamente, a jazmines. Todo es refinado, bonito.

—Maestro, usted ha vivido una época fascinante de México al pintar en los años veinte al lado de los grandes muralistas en el Hospital de Jesús, en San Pedro y San Pablo y al ser, como todos lo comentan, el favorito del ministro de Educación Pública José Vasconcelos.

—Sentí siempre una gran admiración por el maestro José Vasconcelos, quien me dio su confianza y sigue honrándome con su amistad. En cuanto a ser el favorito, no, lo que sí puedo afirmarle es que jamás tuvimos una discusión, mucho menos un problema. Me invitaba a sus giras, a sus viajes al extranjero, así conocí Argentina, Brasil, Chile. Nuestros espíritus son afines. A él siempre le interesó el oriente, el budismo, las filosofías y los esoterismos y a mí también. Pinté primero su despacho y salones contiguos en la Secretaría de Educación cuando era secretario de estado, hice para él en dos paneles los retratos de Gabriela Mistral y de Berta Singerman, después los murales que él me encomendó en la que fue la iglesia de San Pedro y San Pablo...

—¿Es cierto que los pintores mexicanos decían que usted era muy decorativo?

—¿A quiénes se refiere? Desde joven fui compañero y amigo de Diego Rivera, de Francisco Goitia, de Saturnino Herrán, de Francisco de la Torre, de Benjamín Coria, de Angel Zárraga, estudié con ellos y fui discípulo de Antonio Fabrés, de Julio Ruelas, de Germán Gedovius, de Leandro Izaguirre. Eso sí, obtuve una beca para ir a Europa antes que Diego Rivera.

Por encargo de José Vasconcelos pinté en San Pedro y San Pablo muros al fresco. Allí estábamos Jorge Enciso, luego el Dr. Atl y yo. En el cubo de la escalera principal pinté *La fiesta de la Santa Cruz* y *El Arbol de la Ciencia*. Xavier Guerrero y Gabriel Fernández Ledesma también trabajaron en la nave y hacían motivos decorativos, mosaicos y eso. Ahora es la Secundaria número seis, en San Ildefonso número 72.

—Pero ¿es cierto que usted nunca pintó la hoz y el martillo?

—Precisamente en la biblioteca del Centro Escolar, creo que escuela primaria *Benito Juárez*, tengo una figura femenina que extiende los brazos y en una mano tiene el martillo y en la otra la hoz. Lo que sucede es que yo jamás estuve de acuerdo con aquello de "no hay más ruta que la nuestra" y dejé la pintura mural, yo no quería predicar, quería pintar.

—¿Es cierto que usted no se llevó bien con los muralistas y que ellos lo consideraban a usted europeizante?

—Nunca pensé que el muralismo podía ser *MI* camino, pero jamás consideré que los muralistas eran mis enemigos. Nunca hice ideología al pintar. No pertenecí al sindicato.

—¿Cuál sindicato?

—El de pintores y escultores, que más tarde había de transformarse en la LEAR. Nunca hice política ni me interesó y siempre me interesaron las ideas filosóficas de Vasconcelos, no las políticas de los muralistas. Más tarde abandoné el muralismo y me dediqué a la pintura de caballete y sobre todo a los retratos, a las naturalezas muertas.

—Entonces ¿usted no amaba *lo mexicano*?

—Tan lo amaba que soy el primer coleccionista de arte popular, el que más piezas únicas le he dado a mi país, el que más sabe de retablos, ¿no conoce usted mi libro *Retablos de México*? Se publicó hace tres años. Fui el primero en decir que nuestro arte popular merecía ser exhibido y organicé la primera exposición de artesanías mexicanas en las Fiestas del Centenario. Esa misma exhibición la envié con Adolfo Best Maugard y Xavier Guerrero a Los Angeles en 1922 para que en California conocieran nuestras tradiciones y artes manuales. He viajado incansablemente y sigo haciéndolo hasta la fecha buscando piezas de arte popular para catalogarlas y me entrevisto con los artesanos. Fundé, en 1946, el Museo de Artes Populares de Toluca. Yo aprecié el arte popular cuando lo confinaban a la cocina, sí, sí, cuando las ollas, el tortillero de palma, el molcajete, el metate, el barro pintado no eran considerados dignos de pasar a la mesa. Los juguetes de palma y de madera, las máscaras, las lacas, la hoja de lata nadie las tomaba en serio y los bordados mazahuas apenas si servían para una servilleta que cubriera las tortillas. Por mi amor y mi conocimiento del arte popular mexicano fui nombrado director del Museo de Artes Populares de Bellas Artes. Seguí comprando piezas con mi sueldo de funcionario, muchas de las cuales se expusieron en el Museo de Arte Moderno de Nueva York en 1940, ya que yo dirigí su exposición en *20 Siglos de Arte Mexicano*.

—Maestro, dígame usted, ¿por qué son comunistas los grandes pintores?

—¡Ay, no me pregunte eso! Mejor pregúnteme cuál es mi comunismo, o qué pienso del comunismo...O mejor vamos hablando de otra cosa.

—No, no, dígame cuál es su comunismo, pues...

—Mi comunismo, si así se le puede llamar, es el de la película *Milagro en Milán*, es un comunismo cristiano, no es la fuerza, ni la lucha, ni la ideología sino la bondad. Yo quisiera que todo el mundo tuviera lo necesario, que pobres y ricos tuvieran las mismas ventajas, pero sobre todo desearía que reinaran la amistad y la igualdad.

—¿Que todos fuéramos cuatitos?

—Simplifiquémoslo así.

—Usted fue muy amigo de Eisenstein ¿verdad, señor Montenegro?

—Sí, lo conocí cuando vino para hacer la famosa película *Tormenta sobre México*. Lo acompañé a diferentes partes de la república y gocé mucho nuestros viajes porque es un hombre fantástico. Mire usted, aquí tengo muchísimas cartas de él, y también dibujos. Venga, se los enseño. ¡Era una maravilla de hombre! ¿Ha visto usted *El acorazado Potemkin* y *Octubre*?

(Uno a uno, en un *scrap book* compuesto de fotografías y recortes de prensa, Montenegro muestra un retrato de Alfonso Reyes, otro de Andrés Segovia, Alfonso Noriega con su cara de bull-dog. Luego vienen Dolores del Río, Malú Cabrera de

Bloch, Frida Kahlo, Ruth Rivera la consentida de su papá Diego, Mariano Azuela, Antoniorrobles, a quien conoció en España, y la señora Gutiérrez Roldán, esposa de don Pascual: "Ella me costó mucho trabajo. Todos los días llegaba con un peinado distinto; el lunes lacia, el martes china, el miércoles ondulada, el jueves de peinado de cubeta y el viernes de muchos copetes de distintos tamaños."

—¿Cómo fue que retrató usted a Juan Gris y a Jean Cocteau?

—Yo trabajé en París muchos años con ellos y me hice su amigo, sobre todo de Cocteau. Les cogí mucho cariño y ellos me lo cogieron a mí. Cocteau para mí fue una verdadera inspiración.

—¿Y por qué le gusta hacer retratos?

—Son mi único medio de vida. Trabajo muchísimo, de las siete de la mañana a las siete de la noche. Pintar es mi única distracción.

—¿A poco no tiene otras? Yo he oído decir que usted es muy mundano.

—¡Qué mundano voy a ser! Soy un monje de mi oficio.

—¿Como Tamayo, que dice que pinta ocho horas diarias, pase lo que pase, llueva o truene? A propósito, ¿podría usted explicarme la pintura de Tamayo?

—¿No la entiende usted?

—Entiendo que hay poesía y luz y misterio y que Tamayo toca ciertas cuerdas del ser humano pero, como el resto de la gente, me limito a decir: "¡Qué bonitos colores!"

—Para mí Tamayo tiene dos cualidades inherentes: es un gran colorista y un gran poeta, y yo sé de poesía porque muy joven memoricé muchas cosas de D'Annunzio. Su pintura tiene una trascendencia extraordinaria. Ahora su camino es el abstracto, los símbolos; antes, sabe usted, hacía rigurosas naturalezas muertas. Sí, sí, con todas las reglas del academismo.

—¡Ay, no lo puedo creer, no me diga usted!

—No se sorprenda, ahora sigue tomando formas que existen en la naturaleza, puesto que al verlas nos recuerdan tal o cual cosa, y por ello se dice que es abstracto.

—¿Es misterioso Tamayo?

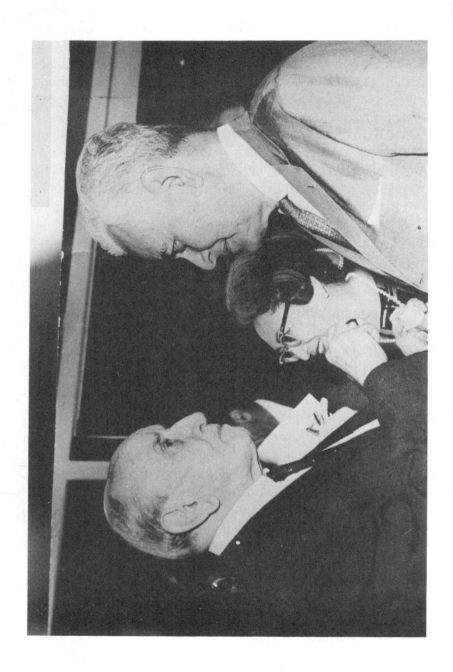

—Sí, todos los pintores deben tener un elemento de misterio, el misterio profundo de las cosas.

—¿Es usted abstracto?

—No quiero quedarme atrás, me gusta lo ultramoderno y también lo conservador. Estoy preparando para Texas una pequeña exposición donde tengo geometrías en el espacio. Afortunadamente en esta vida existe un público para todo.

—¿Pinta usted para sí mismo o para un público?

—Yo creo que no hay nada en este mundo que no se haga para los demás...Sí, tal vez *El Quijote*. Cervantes lo escribió para sí mismo. Un libro no podría contener tantos momentos de ternura, tanta humildad y tantas confesiones si hubiera sido escrito para el público. Los hombres siempre guardan para sí lo más íntimo, pero ya ve usted, pocos libros nos pertenecen tanto a todos como *El Quijote*.

—¿Y los pintores?

—Los pintores tratan de revelarse con honestidad, tratan de entregarse en su pintura, pero para ello se necesita un cierto estado de espíritu y una disposición hacia los demás que muchos pintores no poseen.

—¿Y qué pasa con ellos?

—Pues no sirven.

—¡Ay, pobres!

—Es la justicia. En el fondo todo se remite a la generosidad de la naturaleza.

—Y ¿Orozco, era generoso?

—Orozco decía en su pintura todo lo que llevaba adentro. Además de generoso representa la bravura, la valentía misma, la rabia, puesto que en su pintura no solamente muestra sino que acusa. Muchos de los murales en el Hospicio Cabañas, por ejemplo, son una acusación directa contra el hombre y una reclamación a su favor.

—¿Y usted, Roberto Montenegro?

—Es difícil hablar de uno mismo, yo creo en la pintura y creo en mi pintura.

—¿Es cierto que tiene usted una gran influencia de Aubrey Beardsley, como lo dice Carlos Pellicer?

—Creo que tengo con él una cierta afinidad artística. Me gustan la fantasía y el ornato.

—¿El surrealismo?

—Participé con dos cuadros en una exposición surrealista en la Galería de Arte Mexicano, pero me considero más cercano a la fantasía que al surrealismo.

—Usted es primo hermano de Amado Nervo, ¿verdad?

—Sí, tengo ese raro privilegio. Mire, esto lo escribió para mí. Roberto Montenegro recita:

> Lee los libros esenciales,
> bebe leche de leonas,
> gusta el vino de los fuertes:
> tu Platón y tu Plotino
> tu Pitágoras...

* * *

— Y usted, Roberto Montenegro ¿ha bebido leche de leonas?

—¡Líbreme Dios!

—¿Y se enamoró de una niña chiquita como lo hizo su ilustre primo?

—Tampoco.

—¿Y de una niña grandota?

—No, me basta con pintarlas, a las grandes y a las chicas.

18 de febrero de 1954

LOS AMPLIOS HORIZONTES DE ROBERTO MONTENEGRO

Roberto Montenegro nació en Guadalajara, Jalisco, el 19 de febrero de 1887. Su padre fue alcalde de la ciudad, su madre, tía del poeta Amado Nervo. Montenegro colaboró con su primo hermano Amado Nervo en *La Revista Moderna de México* haciendo viñetas a los diecisiete años de edad. Al venir a la ciudad de México para estudiar arquitectura, ingresó mejor a la Escuela Nacional de Arte dirigida por el español Antonio Fabrés y allí conoció a Jorge Enciso, Angel Zárraga, Francisco de la Torre, Saturnino Herrán, Diego Rivera y siguió las clases de Germán Gedovius, Mateo Herrera, Leandro Izaguirre. Por su amistad con José Juan Tablada sus ilustraciones aparecieron en *La Revista Moderna*. Ganó el concurso anual de la Escuela Nacional de Arte y obtuvo una beca para ir a Europa en 1905. No imaginó que le gustaría tantísimo que se quedaría allá durante muchos años.

En ese mismo año en Madrid, donde su primo Amado Nervo era secretario en la embajada, obtuvo el primer premio por su carátula para la revista *Blanco y Negro* y además de 4,000 pesetas un viaje a Sevilla en Semana Santa. En 1906, al frecuentar los círculos literarios madrileños conoció a Ramón del Valle Inclán, y a Juan Ramón Jiménez.

En 1907 se instaló en París y estudió en *L'Ecole des Beaux Arts*, en *L'Académie de la Grande Chaumière* en Montparnasse. Conoció a Jean Cocteau, a Juan Gris. Viajó por Italia y frecuentó al poeta simbolista francés Henri de Régnier y dos años más tarde, en Venecia, retrató a la marquesa Casatti Stampa.

En 1910 publicó en París un Album de veinte dibujos con un prólogo de Henri de Régnier y regresó a México. En Guadalajara se relacionó con el Círculo Artístico de Gerardo Murillo, el Dr. Atl, y en 1912 decidió regresar a Francia donde conoció a Rubén Darío, y expuso en el Salón de Otoño. En 1915, comisionado por el gobierno mexicano entregó a Augusto Rodin una réplica de la Cruz de Palenque. Expuso por segunda vez en el Salón de Otoño.

Al estallar la Primera Guerra Mundial salió rumbo a España y en Barcelona vio a Picasso y a los bailarines de Diaghilev y otros miembros de la bohemia de Montparnasse. Más tarde se instaló en Pollenza, puerto de Mallorca, en las Islas Baleares y allí permaneció durante toda la guerra, visitaba a Diego Rivera y a Angelina Beloff cuando éstos estaban en Palma, y conoció a Andrés Segovia. Ilustró una edición infantil de *La Lámpara de Aladino* publicada en Barcelona.

Después de la segunda guerra mundial expuso por vez primera en Madrid sus pinturas mallorquinas de cuando hacía vida de pescador en un bote llamado *Petrushka*. En 1919 expone en el Salón Arabe de la Sociedad La Veda en Palma de Mallorca y edita en Londres el libro de dibujos *Vaslav Nijinski, an interpretation in black, white and gold* y ayudado por el general

Cándido Aguilar en la embajada mexicana decide organizar su viaje de regreso a México.

En 1920, como lo explica en su libro *Planos en el Tiempo*, obtiene un empleo en la decoración del Teatro Nacional (ahora Palacio de Bellas Artes), que pierde al ser asesinado Carranza. José Vasconcelos llama a un grupo a colaborar en la creación de la Secretaría de Educación y entre ellos a Roberto Montenegro. Viaja con Gabriel Fernández Ledesma a Oaxaca y descubre la belleza del arte popular. Desde entonces se vuelve un experto en artesanías mexicanas. Acompaña a José Vasconcelos en gira por el Bajío, Jalisco y Colima.

Diseña las escenografías para el teatro *Esperanza Iris* de la obra musical *Desde la Luna*. Se inspira en el art nouveau para *La Arlequinada* e inventa un paisaje tropical simbolista para el baile de las tehuanas.

En 1921 empieza con Jorge Enciso el mural al temple en la ex Iglesia de San Pedro y San Pablo, de *El Arbol de la Vida*, el primer mural del período de José Vasconcelos. También diseña vitrales. En 1922 vuela junto con Gabriel Fernández Ledesma a Río de Janeiro para decorar el Pabellón Mexicano construido por el arquitecto Obregón Santacilia para celebrar la fiesta del Centenario de la independiencia del Brasil.

En los años siguientes, ilustra dos tomos, *Clásicos Infantiles* que dirige Julio Torri para la Secretaría de Educación, ilustra el libro *Taxco* de Genaro Estrada y pinta al fresco con la ayuda de Miguel Covarrubias un mapa de América en la Biblioteca Iberoamericana. Publica *Máscaras Mexicanas* en los Talleres Gráficos de la Nación. Junto con Manuel Rodríguez Lozano y Julio Castellanos hizo escenografías para el Teatro Ulises.

En 1930 acompañó a Sergei Eisenstein a la filmación de *Que viva México* y publicó *20 Litografías de Taxco*. En 1933 publicó en los Talleres Gráficos de la Secretaría de Relaciones Exteriores *Pintura mexicana 1800-1860*, compilación de autores desconocidos entre quienes descubre a Agustín Arrieta. En 1935 ayuda a Marc Chagall en el diseño de las escenografías del ballet Aleco. A Roberto Montenegro siempre le atrajo el ballet, por algo hizo un libro del bailarín Nijinsky y en el recuento de su vida cuenta cómo vio a Serge Diaghilev que revolucionó a París junto con León Baskt, a la Pavlova y a Isadora Duncan. También y en otro extremo, conoció a Mistinguette y vio a Ivette Gilbert, la de Toulouse Lautrec. Enloqueció al ver actuar a Eleonora Duse y en Italia vio a Virgina Reiter en *La dama de las camelias* ya muy vieja y cubierta de afeites. Las escenografías que Montenegro haría más tarde para el *Teatro Orientación* estarían inspiradas en la perfección de los decorados que vio durante su vida en Europa.

Entre 1935 y 1940 Montenegro compartió un taller con Alfonso Michel, viajó por la república para recoger objetos de arte popular y en 1940 participó con dos obras en la Exposición Internacional del Surrealismo en la Galería de Arte Mexicano, así como organizó la sección de arte popular de la muestra en el Museo de Arte Moderno de Nueva York: *XX siglos de arte mexicano*.

Fue asimismo artista invitado del Taller de la Gráfica Popular.

Pintó retratos, algunos de gran acercamiento a Pita Amor, Celia Chávez e Ignacio Chávez Rivera, Graciela Romandía de Cantú e Ignacio Cantú, Lola Olmedo y muchos más. Tres años antes de su muerte, el INBA organizó una exposición retrospectiva de su obra, por sus cincuenta años de pintor y en 1967 recibió el Premio Nacional de Arte.

Hasta el final de su vida, el 13 de octubre de 1968, en Pátzcuaro, donde murió de repente, Roberto Montenegro no dejó de pintar, dictar conferencias sobre arte popular, viajar a las diversas regiones del país, participar en la vida cultural de nuestro país, ya que le interesaban la poesía y el teatro de modo especial.

LAS BURBUJAS
DE CHAMPAÑA
EN LA COPA DE
MARLENE
DIETRICH

Antonio Peláez advierte:

—Primero recojo a Elena en la avenida Nuevo León y luego voy por ti a La Morena y de allí nos vamos al Terraza Casino en Insurgentes. Su show es muy puntual.

—Sí, Toño.

Me late el corazón muy aprisa. Elena Garro y Antonio Peláez, que es casi tan guapo como su hermano Francisco Tario, me invitaron a ver a Marlene Dietrich, iniciativa de Elena Garro, entusiasta seguidora del mito cinematográfico que ahora ha venido a México como cantante. Me tiemblan las pestañas de la emoción y, cuando suena el timbre, ya estoy detrás de la puerta. Elena guapísima de abrigo de pieles, traje de terciopelo negro y collar de perlas. Yo de terciopelo rojo, Antonio Peláez de smoking, también elegantísimo. Reventamos del entusiasmo.

En el centro nocturno nos pasan a una mesa de pista, simplemente porque fue la señora Paz quien hizo la reservación. Burt Bacharach, el maravilloso pianista, acompaña a la Dietrich. Oírlo es un encantamiento y ya está en el escenario cuando nosotros llegamos. No ve a nadie. El cabaret entero guarda silencio, ni un chocar de copas. El lleno es total, histórica la ocasión. Después de media hora de arrobamiento una luz circular atraviesa la oscuridad de las mesas y se pinta sobre la cortina. La expectación alcanza su momento cumbre. Se abre la cortina, y tras de ella la aparición deslumbrante de la diva, cubierta de

oro de pies a cabeza. Su voz ronca entona en francés "una canción que amo mucho", *La vie en rose*, que yo creí era sólo de Edith Piaf aunque la ha cantado hasta Louis Armstrong.
"Cuando me toma entre sus brazos
y me habla bajito
veo la vida en rosa..."
Su pronunciación es excelente y la voz magnética da razón a la leyenda. Marlene es la intérprete que deseó todo creador de *Torch Song* (canción antorcha); ella misma es mujer antorcha, el vestido de tul que la ciñe arde en lentejuelas; sinuosa, refulge, el vestido la desnuda; parece estar enfundada en una media de seda; se transparentan sus pezones, su ombligo, su pubis, el prodigio de sus piernas.

El canto de Marlene.es gemido de alcoba; sobre sus pómulos altos que la luz acentúa, sus ojos también: *bedroom eyes*. Cuentan que ella misma vigila la colocación de los reflectores pero que no es tan mala como Pita Amor que pateaba a camarógrafos e iluminadores si no acataban sus instrucciones.

—Voy a ofrecerles la primerísima canción que canté jamás.

Canta *Johnny* en alemán. Todos los ojos, todos los oídos se vuelven su propiedad en ese instante. Elena Garro que sí entiende alemán está hipnotizada, hipnotizado también Antonio Peláez. Al terminar, su voz es apenas audible. Marlene nos habla en secreto. Parece cantarle a cada uno en privado; que los demás no se enteren. La asistencia de pie la ovaciona. Ella finge sorpresa. "¡Oh! ¡Oh!" Se inclina, micrófono en mano, sus pechos caen en impensable ofrenda. Los apulausos redoblan. "¡Bravo! ¡Bravo! ¡Viva Marlene!" Elena Garro de Paz sonríe feliz, su sonrisa es preciosa. A mí ya no me tiemblan las pestañas sino toda la humanidad. Elena me dice: "¡Ay tú, no te vaya a dar un ataque de epilepsia!". Yo, con la boca chueca para este momento, no puedo responderle. Por fin, la presencia hipnótica de Marlene Dietrich se impone a la emoción que ella misma provoca y continúa:

—Voy a cantarles una canción que canté durante tres largos años en Francia, Bélgica, Alemania, un poquito en Inglaterra, en Alaska, en Islandia, en Groenlandia, en Checoslovaquia. Los soldados británicos fueron los primeros en cantarla y la hicieron suya: *Lili Marlene*.

"Fuera de las barracas
por la luz de la esquina
siempre estaré y te esperaré
en la noche
crearemos un mundo para dos
esperaré a lo largo de toda la noche
por ti, Lili Marlene"

...

"Cuando marchamos en el lodo y el frío
y cuando mi mochila parece más de lo que puedo aguantar
mi amor por ti renueva mi fuerza
Siento calor de nuevo, mi mochila se aligera
Eres tú, Lili Marlene"

Termina la diosa con una voz muy marcial; casi marcha en el escenario. Surge en la noche la Marlene anti-nazi, la heroína que viajó al frente a cantarles a los soldados, la que reunió fondos para fortalecer a los aliados, la que renunció a su nacionalidad alemana en concordancia con su actitud política. Lili Marlene Dietrich.

Falling in love again es la maravillosa canción de Frederick Hollander en *El Angel Azul*, una película mítica que le valió la entrada a Hollywood, dirigida por Erich Von Stroheim, quien habría de dirigir todas sus películas en Alemania. Otra que canta es *Peter*, en alemán y *I've grown accustomed to her face* de la comedia musical *My fair Lady*, que inmortalizaron Audrey Hepburn y Rex Harrison en el cine y Julie Andrews en el teatro. Le rinde homenaje a Charles Trenet al traducir: *Que reste t'il de nos amours?* al inglés: *I wish you luck.*

Al terminar vamos a su camerino, que por cierto no la merece; es de unicel y de cartón, parece el de *Lola-Lola* en *El Angel Azul*. Los empleados franquean la entrada a la señora Paz y acompañantes. Elena abraza a Marlene con efusividad. "Estuviste magistral", le dice, no capto si en francés o en alemán. Antonio Peláez, la garganta hecha nudo, le besa la mano de lirio. Yo pregunto:

—¿Es usted eterna?

Su voz es casi inaudible:

—Dicen.

—¿Cómo es que no envejece?

—Porque soy eterna.

Pronuncia una frase en alemán que sólo entiende Elena Garro. Ambas ríen.

—¿Es cierto que es usted la Mae West de los alemanes?

—No lo creo pero Mae West me dijo una tarde: "Toda la intención está en tus ojos".

—¿Fue Mae West su amiga?

—Sí, ella me lo reveló todo de Hollywood. Tenía una intuición formidable, era brillante.

—¿Es cierto que a su habitación de hotel, siempre pide usted que le suban un piano?

—Claro, para ensayar. Soy celosa en eso; viajo con las partituras en una bolsa que jamás abandono.

—¿Es usted la mujer más glamorosa de Hollywood?

—No entiendo lo que significa la palabra *glamour*.

—Algo así como la palabra *sexy* que se le aplicó a Mae West.

—Creo que todo eso son construcciones publicitarias que se hacen a partir de una figura pública.

—¿Lleva usted un diario?

—No, no tengo tiempo ni me interesa.

—¿Está satisfecha de sí misma?

—¡Oh! Soy mucho menos segura de lo que aparento.

—¿Le gusta ser el centro de atención?

—No, ni que me rodeen los curiosos o me miren fijamente.

—¿Quién es su escritor favorito?

—Goethe, of course.

—¿Y su pianista y acompañante Burt Bacharach?

—Siento devoción por él, me ha enseñado todo lo que sé de música. Es único en su género, es genial, gracias a él canto mejor.

—¿Y Erich Von Stroheim?

—A él le debo toda mi carrera.

—¿Quién es mejor, usted o Greta Garbo?

—Decídalo usted, decídanlo todos. Siempre he creído en la democracia.

Reímos y yo aventuro:

—Ella es más fría. Ella es "La Divina". ¿Es usted símbolo sexual?

—Creo que el símbolo de los mexicanos en el mundo es Dolores del Río, mi excelente amiga. Ella es su símbolo de belleza. Yo la admiro y creo que es la mujer más hermosa que ha pisado Hollywood. Ambas nos vestimos un tiempo con modelos de *Schiaparelli*. En París, nos encontrábamos en los vestidores.

—Una última pregunta. ¿Es cierto que su vestido que prácticamente la desnuda se lo cosen a usted encima con hilos y agujas traídos de París?

—¡Lo que hay que oír! ¡Claro que no!

—Entonces, a su edad tiene usted un cuerpo maravilloso.

—A mi edad y a la suya.

Miro la tela vaporosa que la envuelve, un tul delgadísimo color champaña sobre el cual están bordados los adornos, las perlas, los diamantes, los espejitos, los cristales en forma de rosas y me extasío. Este vestido es una obra maestra y cubre un cuerpo que también lo es. Elena Garro invita a Marlene a tomar una copa:

—Luego nos vamos los tres a cenar, si quieres.

—¡Sí, vamos, vamos! —exclamo entusiasmada.

—No tú no, tú debes dormirte temprano.

Marlene dice que hoy no, no acostumbra salir después de un show y la altura de México la cansa pero ella y Elena quedan en verse. Antonio Peláez y yo somos convidados de piedra. No me atrevo a importunarla con otra de mis preguntas, que por la cara que me hace Elena han de ser bestiales. Cuando salimos a la avenida Insurgentes, Elena dice:

—¡Esta mujer es única!

—¿No crees que Romy Schneider es su sucesora?

—¡No tiene nada que ver! La que se le parece un poco es Andrea Palma.

—Ay, a mí se me hace que Elvira Ríos la imita cuando canta sus boleros, sobre todo ese de *Nosotros*, y *Noche de Ronda*.

—¡Ay, cómo crees! Ay, Antonio, ya lleva esta güera a La Morena.

—Pero ¿tú no crees que su actitud política se parece a la de Jane Fonda?

—No. Estamos hablando de una diosa —dice Antonio Peláez.

—Sí, en efecto, es una diosa —se entusiasma Elena. En la guerra fue una figura magnética, una heroína, cantó para las tropas aliadas y creo que hasta obtuvo el grado de capitán; andaba en jeep, metida en el lodo, entre las balas y en medio de los bombardeos, los soldados la adoraban, era algo así como su madrina. Es una mujer admirable, valiente como pocas.

Antes de poner la cabeza sobre la almohada, repaso las imágenes de Marlene, la luz que emana de su figura convirtiéndola en mujer de vino espumoso, líquida, ambarina, suave y embriagadora. La llevo a mi boca y le canto, confundida en mi mente atolondrada su figura con la de Elena Garro:

> *Te me subes a la cabeza*
> *y te demoras*
> *Das vueltas y vueltas en mi cerebro*
> *como una burbuja*
> *en una copa de champaña.*

4 de agosto de 1963

MARLENE DIETRICH: LAS RAZONES DE LA DIVINIDAD

Encarnación perfecta de ese invento hollywoodesco llamado *femme fatale*, Marlene Dietrich, pareció empeñada durante su larga existencia —90 años— en ser algo más que un arquetipo.

Desde los años treinta y hasta el final de sus días sedujo con sus largas piernas, sus pómulos salientes y su voz grave, pero ya en los cuarenta, durante la Segunda Guerra Mundial, sorprendió al mundo al declararse contraria a Hitler y fue más allá al llevar a cabo una abierta campaña en favor de los aliados. Si se decidió a ingresar al canto, diría después en su libro autobiográfico *Marlene D.* (1984), fue justamente para romper su mito, "pues en la escena mantenía un contacto directo con el público".

Afirmó: "Los personajes que he intereepretado en el cine no tienen nada que ver con lo que soy en realidad. Intentar confundir lo uno con lo otro es una estupidez". Contrarrestó "la opinión según la cual soy siempre aquella criatura inmóvil que mira por encima del hombro izquierdo, el rostro oculto tras múltiples velos, insensible a la menor emoción, que no ve nada ni a nadie más allá de la cámara".

Sus piernas, señaló, no tenían para ella sino "una función utilitaria: la de permitirme caminar". En 1936 impidió que la película *Desire* comenzara con un primer plano de sus prodigiosas extremidades. Esto lo hizo aconsejada por Mae West, "una roca a la que me acercaba, un espíritu brillante que me comprendía y adivinaba mis problemas".

Mae West, sin embargo, resultó decisiva para la conformación de Marlene Dietrich como símbolo sexual en una época en que el sexo era tabú. "Tenemos que hacerlo únicamente con los ojos", le dijo. La joven Marlene siguió el consejo y más tarde se rodeó de otros elementos que la singularizaron; acuñó una imagen de erotismo ambiguo combinando a menudo un acentuado maquillaje con ropas masculinas. En su espectáculo incluía "canciones de hombre" y explicaba: "En las canciones de hombre, las palabras son mucho más fuertes y dramáticas de las que se escriben para las mujeres... Hay palabras atrevidas que parecen inconvenientes en boca de una mujer y, en cambio, divertidas en boca de un hombre". Según Marlene, la frase más inteligente que se escribió en torno a ella fue de su amigo Kenneth Tynan: "Ella tiene sexo, pero de ningún género en particular".

El crítico de cine Miguel Barbachano sitúa su nacimiento el 27 de diciembre de 1901 en Schoneberg, Alemania, hija de un oficial de la Real Policía Prusiana, Louis Dietrich, y de una orfebre joyera. En numerosos libros se ha difundido el dato de que su verdadero nombre era María Magdalena, pero ella lo negó:

"Me llamo Marlene Dietrich y siento que así sea por mis biógrafos, quienes pretenden que mi nombre es un seudónimo; mis compañeras de colegio pueden corroborarlo fácilmente. De niña era delgada, pálida, con largos cabellos de un rubio rojizo; tenía un semblante diáfano, la típica piel blanca de los pelirrojos y, a causa de esos largos cabellos rubiorrojizos, un aspecto enfermizo. Mis padres eran muy ricos, y yo recibí una educación inmejorable. A mi alrededor hubo institutrices y profesores que me enseñaron el alto alemán —*Hoch Deutsch*—, ese idioma puro y virgen, limpio de todo dialecto regional. Le he sido siempre fiel y me he mantenido indiferente a las alteraciones que está sufriendo en la actualidad por la superficialidad con que lo tratan la mayoría de los escritores alemanes contemporáneos. Esta fidelidad es también una manera de recordar mi infancia".

Creció en medio de los fragores de la Primera Guerra Mundial, en una atmósfera familiar exclusivamente femenina puesto que el padre murió en combate, al igual que casi todos los hombres de su familia. "Las mujeres se reunían con frecuencia, vestidas de luto, en casa. No parecían sufrir en un mundo sin hombres, estaban tranquilas". Su madre cuidaba con esmero los largos cabellos de la pequeña Marlene, y le amarraba fuertemente la lazada de sus botas. "Cuando seas mayor, tendrás los tobillos finos; por el momento, hay que procurar que no engorden". La esbeltez de tobillos y muñecas tenía algo qué ver con la estirpe.

Estudió piano y violín. Su maestra le auguraba gloria como concertista, pero una distensión en la mano izquierda la hizo cambiar de camino. Adoró a Goethe desde niña —"fue mi modelo masculino"— y a Kant —"sus leyes eran mis leyes, me las sabía de memoria"—, pero nada igualaba su admiración por Rainer Maria Rilke, misma que la llevó al teatro. "Todo lo que quería era recitar sus poemas". Se inscribió en la escuela de arte dramático de Max Reinhardt, en Berlín, y comenzó después a hacer pequeños papeles. "Representaba el rol de una criada en el primer acto de una obra, luego tomaba el metro o el autobús hacia otro teatro, donde era una amazona en el segundo acto y, antes de acabar la noche, una puta en el tercer acto de una tercera obra. Cada noche era completamente diferente de la anterior, nos desplazábamos sin descanso y hacíamos lo que nos mandaban. La comparsería formaba parte de nuestro aprendizaje".

El director Rudolf Sieber fue a buscar actores a la escuela en 1923 para el rodaje de su película *Tragedias del amor* y escogió a Marlene, que no fue ahí sino un rostro en la multitud. "Quería desconocidos, buscaba fulanas con clase". Ella se enamoró de Sieber y se casaron tras un año de noviazgo. En 1925 nació la que sería su única hija: María. El matrimonio duró hasta la muerte de Sieber en 1976, aunque rara vez vivieron juntos. Fue una relación extraña que el hermetismo con que Marlene llevó su vida privada impidió descifrar.

Marlene Dietrich apareció en 17 películas —ninguna memorable— antes de 1930, el año de su descubrimiento. Un joven director austríaco de cine, Josef von Sternberg, la vio en la obra *Dos corbatas* donde ella sólo pronunciaba una frase: "¡Vamos, venga a cenar conmigo!", y quiso ser su pigmalión. Le dio el rol estelar de *El Angel Azul*: Lola-Lola, una cantante de cabaret que lleva a la degradación moral a un tranquilo profesor de escuela. Ella aceptó hacer las pruebas luego de advertirle: "No soy fotogénica".

Aquella cinta constituye hasta la fecha una de las grandes realizaciones del cine de todos los tiempos. Significó la entrada de Von Sternberg a Hollywood y, por supuesto, la de Marlene, quien firmó un contrato con la Paramount. Dirigida por su descubridor, filmó en Estados Unidos *Morocco* en 1930, *Dishonored* en 1931, *Shangai express* en 1932, *Song of songs* en 1933, *The scarlet empress* en 1934 y *The devil is a woman* en 1935, "la más bella película jamás realizada", según ella. Después, fue dirigida por Billy Wilder, Orson Welles, Alfred Hitchcock y Fritz Lang, entre otros. Filmó en total 36 películas. La última parecía haber sido *Paris when it sizzles* en 1964, pero 14 años después tuvo una reaparición insólita junto a David Bowie en *Just a gigolo*, en el papel de encargada de un prostíbulo.

Entre los años cincuenta y sesenta recorrió el mundo con un espectáculo unipersonal de cabaret en el que cantaba con su voz cada vez más ronca hasta llegar al extremo de tener que recitar en sus últimas presentaciones. *Falling in love again* se convirtió en su rúbrica, entonó *La vie in rose* en homenaje a su gran amiga Edith Piaff y dio a conocer mundialmente la pieza *Lili Marlene*, que durante la Segunda Guerra Mundial cantó en el frente de batalla para las tropas norteamericanas, granjeándose con ello la animadversión de sus paisanos.

Naturalizada estadounidense en 1939, se declaró profundamente antinazi, y sólo volvió en una ocasión a Alemania en 1960, con un concierto en vivo cuya triunfal recepción la obligó a salir a escena 18 veces.

Vivió sus últimos años recluida en su departamento de la avenida Montaigne, en París, completamente sola. Rompió su silencio en 1983, al aparecer en un filme-homenaje que realizó para ella Maximilian Schell; volvió a hacerlo al año siguiente con la publicación de sus memorias, y una vez más tras la caída del muro de Berlín, cuando llamó por teléfono a una emisora radial francesa para manifestar su beneplácito.

Murió el 6 de mayo de 1992, una bella tarde de primavera, en su salón favorito, mientras veía las fotos de sus amigos fallecidos. "A medida que sus amantes y sus 'amigas' morían, ella hacía enmarcar sus retratos y los colgaba del muro... El hecho de morir no garantizaba automáticamente un lugar de honor. Era necesario ser célebre primero, y muerto después, para estar enmarcado", reveló siete meses después de su deceso su hija María en un libro titulado simplemente *Marlene Dietrich*.

María Riva —emplea su apellido de casada y es madre del único nieto de la estrella, Pierre— escribió un libro que parece ser un "ajuste de cuentas" con su progenitora luego de una infancia y juventud ausentes de dicha, a la sombra de un mito y bajo el cuidado de una institutriz que acabó abusando sexualmente de ella. "En cierta manera, yo había sido educada para la violación —afirma—. Siempre obediente, dócil, un objeto poseído, condicionada para servir... Frecuentemente tuve la sospecha de que, en forma inconsciente, mi madre quería iniciarme en las prácticas homosexuales, con la esperanza de que siguiera esta vía en edad adulta. Así, ningún hombre podría nunca separarme de ella".

Retrata a su madre bisexual y menciona a algunos de sus amantes: Frank Sinatra, Yul Brynner, Jean Gabin y Erich Maria Remarque entre los masculinos y, entre los femeninos, una enigmática española, guionista de cine, que fue el gran amor de Greta Garbo. "Después los borraba de su memoria, como si nunca hubieran existido".

La entrega de Marlene al bando aliado durante la guerra, señala, "fue su mejor papel, el que le valió su mayor éxito... La prusiana se encontraba en su elemento, su alma de alemana inflamaba la tragedia de la guerra... Mi madre siguió haciendo la guerra a golpe de canciones, lentejuelas, sexo y compasión".

Expone su excesivo consumo de medicinas, anfetaminas y alcohol y la considera "a la vez creadora y conservadora del mito Dietrich" hasta sus últimos días, en un escenario cuyos detalles no omite, ni siquiera los más sórdidos: "Sus sábanas estaban grises y manchadas... Olía mal en todos los rincones".

Marlene, afirman sus amigos, sabía de la existencia de ese libro que sería publicado apenas muriera, y prohibió a su hija sacarlo a la luz. Al igual que todos los libros que se escribieron sobre ella, le parecía deleznable. En el suyo, *Marlene D.*, admitió no ser tan fuerte:

"Soy tan vulnerable como un recién nacido... No he salido indemne al discurrir de los años. He sufrido profundamente heridas; me gustaría curarme, esperar contra toda esperanza que mis cicatrices ya no me dolieran más... Existen días y noches en que la soledad es casi insoportable. Qué suerte tienen las personas creyentes, que pueden descargar el peso de sus almas en el regazo de Dios. Yo no puedo hacerlo. Y lo lamento... Sin embargo, Cocteau decía que yo elegí mi soledad. Y tenía razón..."

María Izquierdo por Lola Alvarez Bravo.

Cantinflas en Munich, Alemania, en la presentación de su película Pepe.

Cantinflas en la película A volar joven.

Cantinflas con su madre y su esposa Valentina.

Cantinflas y Sara García.

León Felipe lee en la Casa del Lago.

León Felipe en el café París.

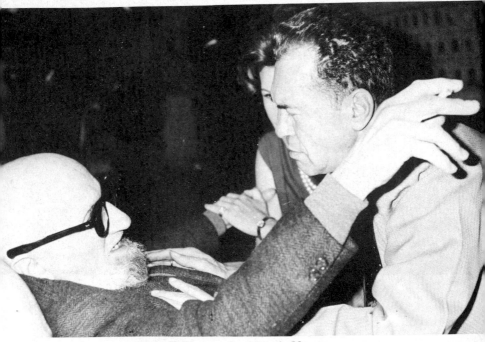

León Felipe con José Pagés Llergo.

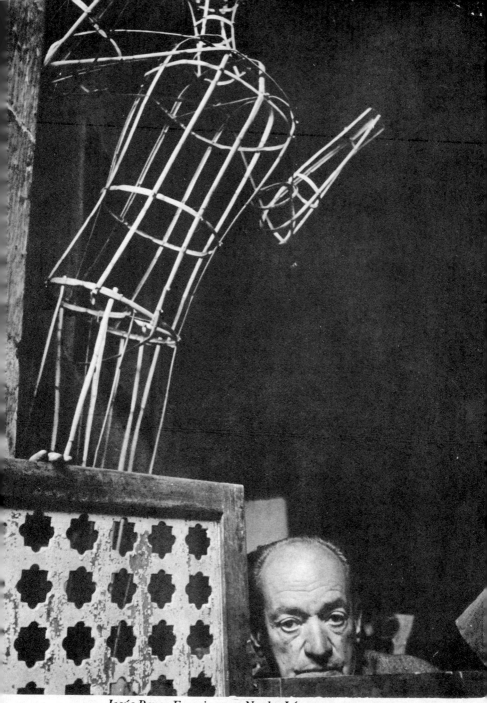

Jesús Reyes Ferreira por Nacho López.

Jesús Reyes en su cueva de brujo.

GOLDWATER

LA PALABRA MAS USADA: YO

Barry Goldwater niega todos los cargos. Dice una gran cantidad de chistes que él mismo festeja, pronuncia bien el español sin acento norteamericano, y si su política es detestable y su actitud ante la vida también, el hombre en cambio no lo es. ¿O será cínico? En todo caso, ¡torea bien las preguntas! Lo escucho azorada de que no sea el monstruo esperado, y transcribo sin malicia las respuestas. Aparece como una blanca paloma y no soy lo suficientemente aguerrida para oponerme a sus baños de pureza.

—¿Por qué vino a México, señor Goldwater? ¿Para echarle a perder el viaje al presidente Lyndon Johnson?

—¡Yo llegué primero!

—¿A denigrarlo a él y a su política?

—No. Yo vine de vacaciones y me salió el tiro por la culata, porque no he dejado de hablar.

—Parece que en la cena que le ofreció la Cámara Americana de Comercio de México usted hizo reír a carcajada limpia a mil hombres de negocios que festejaron sus gracejadas y al final lo ovacionaron. Todo eso a costa de la política de Johnson.

—Lyndon Johnson es mi presidente; yo iré a rendirle mis respetos, tanto a él como a su esposa. Yo estaré en el descubrimiento del monumento a Abraham Lincoln. Me parece estupendo que Johnson venga a México y le dedique mayor atención a América Latina. Personalmente me interesa mucho más América Latina que Europa, y el viaje que hizo su presidente Gustavo Díaz Ordaz a Centroamérica refleja una actitud política muy inteligente, con la cual estoy totalmente de acuerdo.

—¿Usted va a ir a abrazar a Johnson?

—Claro que sí. Yo lo saludaré de mano. Entre nosotros no hay *hard feelings*... No *hard feelings at all*. ¡Ningún resentimiento!

—Sé que es usted un hombre de muy buen humor. Al menos eso es lo que todo el mundo dice. No creí que iba a ser simpático, y resulta que sí lo es, lo cual me molesta bastante.

Se ríe.

—¿Por qué?

CRUZADO DE SI MISMO

—¡Por toda su actitud política! Por sus declaraciones; usted odia a Cuba, odia a Vietnam, quiere arreglar las cosas aventando bombas atómicas, usted es racista...

—¿Cómo voy a ser racista, si soy mitad judío. Mi nombre fue Goldwasser, o Gildwasser, no lo sabía usted? Mi abuelito era judío polaco, y su nombre fue Hauptman Goldwasser —creo que Hauptman significa *bartender* (cantinero)— y tuvo 22 hijos. El único otro miembro de la familia que he podido reencontrar en los Estados Unidos fue mi tío abuelo y sus papeles de naturalización decían que había nacido en Rusia. La ciudad es Kronian, sobre la frontera, justo en medio de la frontera. Cerca de 1830, 1835, dejó Polonia o Rusia, según la guerra, porque según la guerra Kronian pasaba a ser de Polonia o de Rusia.

—¿Y qué opina usted de los judíos?

—A mí me gustan mucho. Soy mitad judío yo mismo. Yo tengo un gran respeto por los judíos, los quiero, admiro su inteligencia y no veo por qué se deba hacer una diferencia entre los judíos y cualquier otro pueblo. Yo los trato como a toda la gente.

—¿Pero usted practica la religión judía?

—Soy de la fe Episcopal. Mi madre fue *gentile*, cristiana, y cuando mi padre vino a vivir a Arizona no había sinagogas. No tengo el recuerdo que haya practicado la fe de los judíos, ¡pero jamás renunció a ella! De esto hace cien años. ¿Sabe usted? No había templos ni oratorios, aunque muchos judíos vivían en Arizona.

—¿Y los negros? Usted declaró que no había un solo negro capacitado para ser presidente de los Estados Unidos, y eso parece asombroso cuando se han dado negros como Richard Wright, James Baldwin, Leroi Jones, Langston Hughes, que son escritores maravillosos, sin hablar del consabido jazz, los *negro spirituals,* Martin Luther King, Angela Davis. ¡Usted está en contra de los negros!

—¡Nunca he estado en contra de los negros en toda mi vida! De hecho, las primeras personas con las que yo jugué de niño fueron mexicanos y negros. ¡Todos crecimos juntos! Y nunca tuvimos el menor sentimiento de segregación o que hubiera diferencia alguna.

—Pero usted votó.

—Yo voté en contra de un solo derecho civil porque me pareció que no estaba dentro de nuestra Constitución. La Organización Negra en los Estados Unidos, la N.A.A.C.P. (*National Association for the Advancement of Colored People,* Asociación nacional para el desarrollo de la gente de color), más que una organización que hace el bien es una organización política que desorienta, y por ese voto me convertí en un enemigo político. Ahora, si usted les habla a los negros de mi estado, le contarán una historia muy distinta. Mi primer acto como consejero de la ciudad fue integrar a blancos y negros en los comedores públicos del aeropuerto. También integré a blancos y negros en la guardia nacional, y di la mayor suma de dinero para ayudar a que la Corte integrara la única escuela que tenemos en la que blancos y negros estaban separados. Finalmente pudimos acabar con la discriminación racial gracias a la acción de la Corte. Mire, le voy a decir más: creo que soy el hombre en los Estados Unidos que más ha vivido con los discriminados. ¡Siempre me he opuesto abiertamente a la discriminación negra en los Estados Unidos!

—Pero ¿son las leyes las que van a resolver un problema tan grave como el de la discriminación a los negros? ¿No es el problema de cada uno de los norteamericanos?

—Sí, así lo creo. Las leyes no van a lograr nada. Es el hombre el que lo tiene que hacer.

—¿Y un presidente negro?

—Es poco probable en el presente que haya un presidente negro de los Estados Unidos. Si usted me preguntara "¿Puede una mujer ser presidenta de los Estados Unidos?", le contestaría lo mismo. No es imposible, pero es poco probable.

—A usted no le gustaría que una mujer fuera presidenta, o ¿cree usted que son incapaces?

—¡Claro que son capaces! Las mujeres con las que he trabajado en política han sido mejores que los hombres. Pero para volver a los negros, vendrá un tiempo en que un joven negro pueda levantarse y ser un gran líder, y cuando venga ese tiempo no habrá sentimiento en los Estados Unidos en contra de él porque sea "negro". Probablemente elegiremos a un negro en el Senado este año por el estado de Massachusetts. Pero usted debe recordar que tenemos 200 millones de gentes en los Estados Unidos y veinte millones son negros. ¡Imagínese usted 10 contra uno!

DIME CON QUIEN ANDAS

—¿Qué piensa usted de Malcolm X?

—No lo conozco. Vive en mi ciudad pero nunca lo he escuchado, y como no lo conozco no puedo hacer ningún comentario acerca de él. Nunca nos han presentado.

En la suite Florencia del hotel María Isabel, Barry Goldwater no rehúye una sola pregunta. Alto, con el pelo blanco, los ojos azules, su cuarto está repleto de objetos de arte mexicano, todos de muy buen gusto. Muy cortés, ríe cada vez que puede *crack a joke*, como quien rompe un cacahuate, así revienta un chiste y lo hace estallar en un espacio que lo separa de su interlocutor. Nadie parece resguardarlo, ni un solo guarura, y después de una hora y media de plática no da muestras de impaciencia.

"Durante los próximos dos días —regreso el domingo a los Estados Unidos, yo mismo piloteo el avión— asistiré a todos los actos de la visita del presidente Johnson porque, en primer lugar, yo soy norteamericano y debo estar junto a él para apoyarlo. ¡Es mi presidente! Sabe usted, yo soy muy buen perdedor. Ahora voy a tratar de ser senador por mi estado, Arizona, y si pierdo, ni modo, pero tengo muchos años metido en la política y esa es mi vida... Al menos así lo creen mis seguidores y no pienso dejarlos plantados. En cuanto a Johnson, podrá cometer errores, pero mientras él sea presidente de mi país le debo el mayor respeto. ¡Es mi presidente!"

—Y sus seguidores, señor Goldwater, ¿son hombres de negocios como los mil señores de la Cámara Americana de Comercio de México?

—Yo mismo soy un hombre de negocios. No tengo por qué negarlo. Pero tengo seguidores de todos tipos.

YA DIJE QUE NO DIJE LO QUE DIJERON QUE DIJE

—Señor Goldwater, ¡usted dijo algo que a muchos nos pareció horrible!: que todo se arreglaría si los Estados Unidos echaran bombas atómicas en los puntos neurálgicos: Vietnam, Cuba.

—¡Nunca he dicho nada semejante!

—¡Pero sí se publicó!

—Lo único que dije a ese respecto fue una respuesta a una pregunta técnica durante una discusión técnica de cómo detener al Vietcong en la selva. Yo he estado en junglas y sé que allá adentro uno está totalmente a salvo. No se ve nada a cinco o seis metros de distancia. Los militares de los Estados Unidos discutían lo que llamamos *defoliation,* es decir "deshojamiento", quitar las hojas, la hojarasca, como lo hacemos en los Estados

Unidos con el algodón, y estos militares hablaban de productos químicos, incendios o un artefacto atómico que produce calor y quema las hojas y los arbustos. Mencioné este artefacto atómico, pero añadí: "Esto nunca lo usaremos". Y la prensa salió diciendo que yo abogaba por el uso de una *atomic device* en Vietnam, que jamás recomendé. En la misma tarde los periódicos se disculparon por haber tergiversado mis palabras, pero ya me habían hecho el daño que usted se imagina. He declarado muchas veces que dudo que las bombas nucleares se usen jamás en la guerra, y si se usan, los Estados Unidos nunca serán los primeros en lanzarlas. En mi humilde opinión, no hay necesidad para ello. Los Estados Unidos le hicieron más daño al Japón con sus bombas convencionales que con la bomba atómica. No creo que un solo país en el mundo sea tan loco como para usar armamentos nucleares. Y yo soy un militar, señorita. Soy un general mayor *(major general)* en la Reserva Aérea. ¡Volé durante toda la segunda guerra mundial y sigo volando!

Son las once de la mañana. La señora Goldwater cruza otra pieza a lo lejos, muy guapa dentro de un camisón azul que parece vestido de baile. Goldwater me advierte: "Se ha despertado mi mujer. Viene al comedor por su jugo de naranja". Interrumpe la entrevista. La mujer me mira sin mirarme y hace una pequeña inclinación de cabeza. El la acompaña a la recámara, abrazándola.

—A propósito de sueño, señor Goldwater, uno de sus negocios es o fue la publicidad, ¿no? Y una de sus promociones era la imagen de un indio dormido bajo su gran sombrero. ¿Se acuerda usted de esa época suya publicitaria? ¿No era denigrante para México esa imagen que daba usted de nuestro país?

—Vamos por partes. En primer lugar, ese negocio no era mío sino de mi padre. Conozco México bien porque vine por primera vez hace treinta y dos años, en luna de miel, y me quedé en el *Ritz*. Llegamos hasta Monterrey en coche, y después a Torreón y ahí conseguimos una calesa de seis caballos para continuar la jornada. ¡Y luego en tren! Después, yo he venido piloteando mi propio avión seis o siete veces; también hemos regresado en coche. ¡Cuántas veces he estado en Acapulco, Cuernavaca,

Guadalajara, Mazatlán y Guaymas!, y pertenecemos a un club en Baja California: "Las Cruces".

—¿Y cómo es que pronuncia usted el español tan bien?

—Hablé español casi al mismo tiempo que hablé inglés porque había más mexicanos que "anglos" en la escuela. Aprendí el español de niño pero después lo olvidé. Muchas veces fui a hablar español con un señor Quezada, que me invitaba a comer, ¡y sólo español! Yo quería mucho a ese hombre. En 1951 me quedé en México dos meses y esperé dos semanas antes de encontrar a alguien que no supiera inglés: un señor que hacía la limpieza del bar en las mañanas. Así que yo me iba al bar, muy temprano en la mañana mientras él limpiaba, a practicar.

—En los hoteles de lujo se habla más inglés que español.

—Sí, es cierto, pero hubo una época en que dije discursos en español, a los paisanos de Tucson, en la vieja parte de Tucson, y a ellos les gustaba mucho oírme porque me equivocaba y se reían. ¡Si hubiera hablado un español perfecto no hubieran votado por mí!

Y DICEN QUE ESO ES TRABAJO

—¿Y usted va a ser senador por Arizona?

—Voy a intentarlo. No sé si ganaré pero voy a tratar. Me gusta y esa ha sido mi vida desde la segunda guerra mundial: la política. Y como ya lo he dicho, soy demasiado joven para salir de la política y demasiado viejo para regresar a trabajar. A mi abuelito, los mexicanos lo llamaban "Big Mike", y él puso un negocio hace más de cien años con un mexicano llamado Castañeda. No estoy seguro de que su membrete fuera un indio dormido, pero su negocio era de flete de mercancías para el ejército hasta que se convirtió en una de las mejores tiendas de ropa para las mujeres. "The finest southwest women's stores", como "Neimann Marcus", en Phoenix, Dallas. Hace cinco o seis años le vendimos ese negocio a una gran corporación porque ni mi hermano ni yo podíamos atenderlo. El negocio se llamaba "Goldwater's". Entonces sí, nuestra marca de fábrica fue un peón mexicano recargado en contra de un muro con su gran sombrero, bajo el sol. Esto lo usamos durante años, hasta en nuestro papel membretado. ¡Nos encantan los temas mexicanos! De hecho yo dibujaba y diseñé telas, vestidos, que vendimos muy bien. Por eso veníamos a México en busca de ideas. Y puedo decirle con gran gusto que en Arizona hay un nuevo interés, ser todos los objetos de arte popular mexicano. Mi buen amigo Ignacio Soto Jr., en Arizona, formó a un grupo de gente interesada en el arte mexicano y nos han mandado colecciones de arte, pintura, escultura, telas; y por ejemplo, mi hija mayor, ojalá y estuviera ya levantada, pero no se ha despertado, vino con su marido que es médico a comprar muebles, telas, arte, porque su casa es mexicana, de adobe. Antes, todas nuestras casas eran de un estilo mexicano muy puro que a nosotros nos encanta, con techos muy altos y muros de tres metros de ancho. Por eso mi hija compra en México todo lo que va a ir dentro de su casa. Yo voy a llevarla a ella y su cargamento en el avión. He volado ya treinta y seis años. He piloteado jets.

—¿Tiene usted un jet?

—¡No! Es un poco demasiado caro.

—¿Pero su primo sí tiene un jet?

—¿Cuál primo?

—Cualquier primo.

—No.¡Pero hace veinte años que piloteo jets!

MEDICO A PESAR DE SI MISMO

—Oiga, señor Goldwater, ¿qué quiso usted decir exactamente cuando declaró que Cuba era un cáncer que debía extirparse no importa cómo, y que ustedes, los norteamericanos, no respirarían tranquilos hasta lograrlo?

—Si usted visualiza mentalmente el hemisferio, Cuba es el estómago de este gran cuerpo. Por eso es un cáncer. Es comunista. Cuba es algo así como un almacén de armas revolucionarias y las ha exportado a otros países como lo vimos en Centroamérica. Ahora el gobierno de México tiene dificultades en Chihuahua. Por eso nosotros en los Estados Unidos pensamos que vendrá el tiempo en que los cubanos recuperen su país con nuestra ayuda o con la de la OEA. ¡Esto debe pasar y pasará!

—Pero hay seis millones de cubanos que morirán antes de permitir que suceda algo semejante. Seis millones de cubanos que están muy contentos porque tienen una nueva dignidad. ¡Muy contentos!

—No, no están contentos. No hay felicidad en Cuba.

—¿Y a poco hay mucha felicidad en Miami?

—Cuando Castro tomó el poder, Cuba tenía el más alto nivel de vida de los países latinoamericanos, y ahora tiene el más bajo. ¡Y esto pasó en seis o siete años!

—¡Pero si Cuba era conocida como el prostíbulo del Caribe! ¿Es eso el más alto nivel de vida? Allá iban todos los millonarios a bailar al *Tropicana* y a echar relajo entre daikiris y mojitos. ¿Es eso un alto nivel de vida? ¿Y los campesinos? ¿Dónde estaban los campesinos?

—Usted no puede decirme que Cuba está mejor ahora con Castro. Conozco a muchos cubanos y he hablado con unos que llegaron hace apenas un mes de allá y no hay industria en Cuba, no hay alimentos, las condiciones son muy malas y van a ser peores. ¿A eso le llama usted felicidad? Eso es lo que le pasa a cualquier país a donde se muda el comunismo, y en donde se instala como en Cuba.

—El comunismo cubano es muy *sui generis*. No hay sólo un tipo de comunismo. En nada se parece al de Polonia.

—Polonia es distinta. Los comunistas no la controlan tanto como a Rusia y en el futuro creo que los polacos se librarán del comunismo porque no están bajo una dictadura militar como la que Castro le ha impuesto a Cuba. Ahora yo no condeno nada, señorita. Creo que los hombres deberían ser libres para votar por el tipo de gobierno que quieren tener, pero la dificultad radica en que los comunistas siempre controlan los votos, si es que permiten que haya elecciones.

—¿Y México? ¿Cómo ve usted nuestras elecciones?

—Creo que los mexicanos han sabido luchar contra el comunismo; el gobierno mexicano tiene un sentido muy perspicaz y una habilidad poco común para detener el comunismo.

—Sí, claro, ¡metiendo a la gente a la cárcel!

—Eso está muy bien.

—¿Cómo va a estar bien eso, señor Goldwater?

—¡Claro que sí! ¡Debemos controlarlos! Sé que México tiene problemas de comunistas, así como los tiene Estados Unidos, porque esos grupos trabajan y luchan contra todos los obstáculos; brotan en todas partes, brotan como cucarachas. Ustedes han tenido un problemilla en Chihuahua y sabemos que uno de los grandes agitadores comunistas trabaja en la frontera mexicana pero sabemos también que el gobierno mexicano conserva los ojos muy abiertos.

—Pero en Chihuahua el problema no era de comunismo sino de campesinos que se mueren de hambre. Ustedes a todos los que se mueren de hambre los llaman comunistas. Eran campesinos con hambre, señor Goldwater, hombres que reclaman tierras que les pertenecen.

—No creo que sea verdad, señorita.

CERRADO, CERRADO

—¡Ah, que bien! Usted no cree que hay una gran pobreza.

—Hay pobreza en todas partes. El comunismo es el que incita a esa gente a actuar como lo hacen y eso no va a llevarlos a ningún lado, ni va a mejorar su suerte. No sé de un solo país comunista en el mundo que haya mejorado la vida de su población y si lo hace es porque la misma gente lo obliga a ello. En México la gente tiene un buen nivel económico no por el comunismo sino por su ausencia y por la decisión del gobierno mexicano de proveer un buen clima en que los buenos negocios florezcan. La historia del comunismo, debo decirlo, es muy triste. Si fuera algo bueno, todos andaríamos tras él.

—Pero ¿por qué le tienen ustedes los norteamericanos tanto miedo al comunismo?

—No le tenemos miedo aunque hay personas en mi país que ven un comunista bajo cada tapete, detrás de cada puerta, o al acecho de cualquier cama, pero nuestro FBI sabe dónde está cada uno de ellos y, si queremos aplastarlos, lo haremos mañana. *Sabemos* quiénes son, lo que están haciendo, y los tenemos bien controlados. Y creo que si usted le preguntara eso a un político mexicano, le daría la misma respuesta. Los comunistas no podrán dominar a México y menos a los Estados Unidos. No pueden tomarnos por asalto.

—Pero ese es un régimen policíaco. ¿Por qué espían ustedes a la gente? ¿No que muy demócratas?

—Sabemos dónde está cualquier indeseable, tanto en los Estados Unidos como en México, pero eso no es espiar, es la responsabilidad del gobierno: saber qué pasa y qué podría hacerle daño al país. Y si esto requiere de espionaje, estoy completamente a favor, porque los comunistas abogan por el violento derrocamiento del poder, el del gobierno mexicano, el del gobierno polaco, el del gobierno norteamericano. ¡Recuerde usted nomás lo que pasó en Hungría! ¿Cree usted, señorita, que son felices en Rumania, en Checoslovaquia? Dése por favor una vueltecita...

EL VIETCONG

—¿Y que tal la victoria del Vietcong contra la base en que reside el primer ministro Cao Ky? ¡Ganaron!

—Antes de darle cualquier opinión acerca de eso, tendría yo que llamar a Washington. Hablo por teléfono cada mañana para que me informen: "He aquí lo que pasó". Además, no quiero hablar de Vietnam. He opinado tanto acerca de ello que ya ni saliva me queda. Prefiero hablar de la visita del presidente Johnson, porque creo que es muy bueno que nuestro presidente visite otros países y espero que su presidente venga a Washington. Sólo visito a Johnson en su rancho y esa no es la capital de los Estados Unidos. Me gustaría además que Johnson visitara otros países latinoamericanos. Como dije la otra noche en mi discurso, creo que ya es tiempo de que los Estados Unidos le den más atención diplomática a Centroamérica y América del Sur que a Europa.

—Bueno, claro, después del trato que De Gaulle les ha dado a ustedes...

—¡Eso lo pedimos nosotros! *We asked for that!* Tampoco tratamos muy bien a De Gaulle. Pero esa arruga va a quedar planchada. (*Think that this will be ironed out!*). Siempre he tenido un gran respeto por De Gaulle, no creo que tiene razón en lo que ha hecho, pero le ha dado grandeza a Francia. Siempre he admirado a un hombre que piensa primero y antes que nada en su propio país.

—¿Hitler?

—No, De Gaulle, que coloca a Francia en un pedestal.

—¿Pero usted cree en el nacionalismo?

—No, creo en el internacionalismo. Creo que ya no puede existir algo semejante que un país que se arrincona, se engarruña en su propio pedazo de tierra y se paraliza allí, pero al mismo tiempo existe la propia dignidad, el propio bienestar, y esto es primero.

—Vivimos una expansión de intereses y una simpatía por todos los pueblos. Yo tengo simpatía por casi todos los países del mundo. Todos tenemos problemas, pero amo especialmente a los países latinoamericanos porque el español es el único idioma que entiendo fuera del inglés. Nací en una parte de los Estados Unidos que todavía tiene una gran influencia de México. Por ejemplo, la siesta.

—Ciertamente la siesta es una de nuestras mejores costumbres, sólo que los únicos que hacen siesta son los viejos multimillonarios. Los que se duermen en las calles lo hacen por hambre.

—Arizona es casi mexicano, al menos es totalmente indio. Arizona proviene de la palabra india *arizonak,* que quiere decir "lugar de la pequeña fuente".

NO SOLO LOS INDUSTRIALES ECHAN HUMO

—¿Pero es cierto que usted pertenece a un club o grupo de hombres de negocios que tienen ceremonias rituales una vez al año, se disfrazan de pielrojas (hay fotografías de usted con plumas en la cabeza) y bailan como endemoniados? ¿Cuál es el sentido de estos grupos en la vida norteamericana?

(Me enseña su mano izquierda. En ella están tatuados cuatro puntitos y una especie de acento circunflejo).

—Sí, se llama el club *Smoky* y una vez al año hacemos nuestra ceremonia, en la luna llena de agosto, porque queremos perpetuar las ceremonias indias del sudoeste y los indios mexicanos. Hace un año, tuve que investigar una danza que se hace cerca de Obregón, Sonora: la *Danza de la Concha.* Los trajes están hechos con conchas del golfo y no sabe usted qué bonito suenan cuando bailan. Filmé sus raíces. Pero nosotros no pudimos bailar porque nos costaba demasiado trabajo zapatear sobre nuestros talones. Sólo sabemos bailar sobre la punta de nuestros pies. A mí me gusta mucho bailar. Tenemos nuestros voladores como los de Papantla y hemos formado un museo con todas las cosas indias. Cada ceremonia termina con el *Hopi Snake Dance,* la danza de la víbora. ¿Por qué me mira usted con tanta sorpresa, señorita?

—Es que sus actividades son asombrosas ¿Se pinta usted como un indio, se pone plumas, joyas?

—Sí. No queremos que se pierdan las tradiciones. Claro, es difícil evitarlo. Dentro de unos cuantos años, cuando algún estudiante quiera saber cómo bailaban los indios la danza de la pluma, vendrá a nuestra biblioteca y a nuestro museo y a nuestra cinemateca y a nuestra discoteca y tendrá una excelente documentación.

—A mí me retechocan los clubes y más esos extraños clubes norteamericanos, pero supongo que es muy necesario que usted baile así para que voten por usted en Arizona. A nosotros nos parecería absurdo que el presidente Gustavo Díaz Ordaz apareciera vestido de Cuauhtémoc para revivir nuestras tradiciones.

—Es que hace mucho que ustedes no tienen un presidente indio. Aunque su secretario de Relaciones Exteriores, Carrillo Flores, es uno de los hombres más capaces que he encontrado en mi vida, en cualquier parte, y toda su familia, que es una familia de genios, ¡son indios puros! Carrillo Flores bien podría ser su próximo presidente. El ser un indio de pura cepa no ha sido obstáculo para que se convierta en uno de los hombres más destacados que conozco. A ver si ustedes lo eligen.

—A ver, señor Goldwater, a ver.

BARRY GOLDWATER: EL FASCISMO DESCONCERTANTE

En su libro *Why not victory? A fresh look at American Foreign Policy* (Mc Graw Hill, 1962), Barry Goldwater calificó de "tímida" la actitud de Estados Unidos en sus negociaciones con gobiernos extranjeros, particularmente con los comunistas. Por considerar que los programas de ayuda económica y militar a otros países eran mal concebidos y mal administrados, se opuso a ellos excepto cuando pudieran emplearse "como un rifle" apuntado a áreas específicas donde "podamos tomar ventaja sobre los rusos". Desconfió de la Unión Soviética al grado de recomendar el rompimiento de relaciones diplomáticas.

Las ideas de Goldwater le hicieron ganar popularidad entre la población conservadora de los Estados Unidos. Repetía en el cargo de senador republicano por Arizona y, desde entonces, es considerado uno de los mayores anticomunistas norteamericanos.

Barry Morris Goldwater nació el primero de enero de 1909. Fue el primer hijo de Josephine y Baron Goldwater, prominentes residentes de Phoenix, Arizona. Su abuelo paterno, Michael Goldwasser (cuyo apellido fue americanizado), inmigrante judío polaco, transformó el pequeño centro mercantil de la región en una floreciente cadena de tiendas con sucursales en varias poblaciones aledañas; Barry administró la de Phoenix.

Niño deportista, manifestó su vocación belicosa desde edad temprana a través de su gusto por el boxeo. Otras habilidades descubiertas por él durante su infancia fueron el futbol y la reparación de aparatos eléctricos y mecánicos. Mostró, en cambio, poco interés por los asuntos académicos; después de reprobar dos materias en el primer año de la secundaria en la *Phoenix Union High School*, sus padres lo enviaron a la academia militar Staunton, en Lexington, Virginia. La férrea disciplina castrense operó en él cambios notables; en la ceremonia de graduación en 1928, recibió la *Kable Legion Honor,* la más alta distinción de la academia, como el mejor cadete.

Goldwater ingresó enseguida a la Universidad de Arizona en Tucson, con el propósito de estudiar humanidades y administración de empresas. Pronto perdió interés por los estudios y se dio de baja al año siguiente; decisión que habría de lamentar después, para integrarse al negocio de su familia. Empezó a trabajar como empleado, en la base del escalafón, y llegó a ser gerente general en 1936 y presidente en 1937.

Por aquellos años Goldwater Inc. era la tienda departamental más importante de Phoenix y el joven Barry se reveló como un negociante sagaz, dotado de un talento especial para la comercialización. Preocupado por el bienestar de sus empleados, instituyó la semana de trabajo de cinco días y estableció planes de seguro de vida y hospitalización, así como un generoso sistema de reparto de utilidades. En 1953 fue promovido a presidente de la corporación, cargo que conserva hasta la fecha a pesar de que su familia dejó de ser propietaria de la cadena.

Después de haber obtenido su licencia de piloto, Goldwater se ofreció como voluntario de la Fuerza Aérea varios meses antes de que los japoneses atacaran Pearl Harbor. En esa ocasión fue rechazado por su edad, por su astigmatismo y por lesiones causadas por el basketball en ambas rodillas. Insistió y, gracias a la intervención de los dos senadores por Arizona, fue finalmente aceptado en la infantería. Al principio le asignaron el cargo de instructor de armas, pero con el tiempo demostró ser buen aviador y así pasó los siguientes años llevando aviones de guerra y provisiones a Europa y Asia. Al concluir sus servicios en 1945, con el rango de teniente coronel, ayudó a organizar la Guardia Nacional Aérea de Arizona y fue jefe hasta 1952.

A pesar de que su padre y su tío Morris fundaron la organización democrática del Estado, Barry Goldwater permaneció indiferente hacia la política aún después de haberse inscrito como republicano en 1930. En 1949, sin embargo, sus amigos lo convencieron de que se presentara como candidato al congreso de la ciudad de Phoenix dentro de una contienda reformista no partidista de hombres de empresa. Goldwater fue elegido por un margen amplio y, con su característica energía, dedicó el siguiente año a adaptar el gobierno local a un sistema más eficiente de administración.

Aprendió las técnicas de propaganda electoral en 1952, al organizar la exitosa campaña por la gubernatura del estado del republicano Howard Pyle. Aquel mismo año decidió lanzarse al Senado de los Estados Unidos. Su oponente fue el líder de las mayorías del senado, Ernest W. McFarland, favorito en ese estado tradicionalmente demócrata. Durante su campaña, Goldwater se describió no como un "republicano de la adhesión y la conformidad", sino como "un republicano opuesto al superestado y a la gigantesca y burocrática autoridad centralizada". Bajo la influencia del enormemente popular candidato a la presidencia de su partido, Dwight D. Eisenhower, que dominó al estado con más de 40 mil votos, Goldwater rebasó a McFarland, quien había desempeñado la función en dos períodos.

En su primer discurso ante el Senado, dirigido a "todos los hombres y mujeres preocupados por retener los logros sociales alcanzados durante los últimos veinte años", el nuevo senador por Arizona dio la impresión de ser más un *new dealer* (defensor del programa legislativo y administrativo del presidente F. D. Roosevelt diseñado para promover la recuperación económica y la reforma social durante los años treinta) que un republicano conservador. Mencionó el seguro social, la protección de los ancianos, la ayuda a los niños y minusválidos y el seguro de desempleo como "conquistas que han sido de gran beneficio para la gente". Afirmó: "Ningún republicano responsable, y especialmente este republicano, desea abolir ninguna de estas prestaciones sociales".

No obstante, en discursos posteriores y en votaciones "Goldwater se opuso consistentemente a todo gasto federal dirigido hacia problemas nacionales como el de la ayuda a las áreas económicamente atrasadas, el del entrenamiento para los desempleados, el de la habitación popular, el de la reconstrucción urbana y el de los medios masivos de transporte". Llegó a afirmar que el seguro social debería ser voluntario, pero después reconsideró su posición y votó para que se tomaran medidas para fortalecer el programa. Continuó oponiéndose al uso de fondos del seguro social para financiar programas de atención médica para los ancianos, argumentando que éstos no sólo harían quebrar al sistema, sino que conducirían inevitablemente a la socialización de la medicina.

Según explicó, lo que ponía a juicio no eran los programas sociales mismos, sino la creciente injerencia de la Federación en responsabilidades que deberían ser asumidas por los estados, las iglesias, las organizaciones de beneficencia y los ciudadanos individuales. Desde su punto de vista, la protección social y los programas de ayuda financiados por la Federación no sólo denigran al individuo sino que institucionalizan la pobreza. "No promuevo los programas de asistencia social, porque propongo que la libertad se extienda", señaló en su libro *The conscience of a conservative*, en el que puso de manifiesto su credo político. "Mi meta no es aprobar leyes sino revocarlas, no para instaurar nuevos programas, sino para cancelar los viejos, hago violencia a la Constitución... y si fuera a ser atacado por descuidar los intereses de quienes han votado por mí, contestaré que yo tenía entendido que su principal interés era la libertad y que por esa causa estoy haciendo lo mejor que puedo".

El creciente poder del trabajo organizado llevó a Goldwater a sugerir que se aplicaran a los sindicatos leyes que cancelaran los créditos, aunque más tarde descartó esa solución por impráctica. Convencido de que las leyes estatales del derecho al trabajo son asunto de "libertad individual" fundada sobre "bases constitucionales y morales", elaboró una legislación que exigía que un sindicato tuviera el apoyo del 95 por ciento de los empleados de una planta antes de exigir derechos de negociación. Alarmado por las revelaciones del comité McClellan de corrupción sindical en los últimos años de la década de los cincuenta, su intervención fue crucial en la aprobación de la reforma laboral LandrumGriffin, que garantizaba a los miembros de los sindicatos el derecho a una agrupacion dirigida democráticamente.

Aunque personalmente opuesto a toda forma de discriminación racial, Goldwater fue uno de los 27 senadores que votaron en contra del proyecto de ley sobre los derechos humanos en 1964, insistiendo en que sus beneficios sociales y sus estipulaciones sobre el empleo justo violaban los derechos estatales. Además, estaba convencido de que el problema racial era "esencialmente moral" y consideraba "imposible legislar la conducta moral". Estableció: "No es posible aprobar una ley que me hará como a ti, o a ti como a mí... Esto es algo que puede pasar solamente dentro de nuestro corazón".

En 1954 reunió a 22 de sus colegas para votar contra la condena del senador Joseph R. McCarthy, y definió a este militante republicano de

Wisconsin como un líder en la lucha anticomunista. Como firme anticomunista, Goldwater favoreció la política de "paz por medio de la fuerza" como el mejor camino para combatir lo que él vio como la amenaza comunista mundial. Apoyó consistentemente una maquinaria de defensa fuerte pero flexible y manifestó repetidas veces que debía considerarse el uso de "armas nucleares apropiadas" en ciertas situaciones. Además, condenó las negociaciones de control armamentista, aconsejó la reiniciación de pruebas nucleares en la atmósfera, y se opuso a la prohibición de pruebas nucleares de 1963 como un voto por "el fortalecimiento para evitar la guerra".

Fue reelecto senador en 1958, derrotando otra vez a McFarland sin dificultad por un margen de 35,563 votos. Su asombrosa victoria en un año plagado de fracasos para los republicanos conservadores colocó a Goldwater en la mira de la nación entera como candidato potencial a la presidencia. Entre los profesionales del partido había ganado la reputación de ser uno de los más dedicados y hábiles contendientes de la causa republicana en muchos años. Elegido para el primero de tres períodos consecutivos de dos años cada uno como presidente del Comité Senatorial

Republicano de la Campaña Electoral en 1955, literalmente colmó a la nación entera de candidatos republicanos y, para 1960, era el principal recaudador de fondos para el partido. Llegó a ser un contendiente fuerte para un puesto en la plana republicana de 1960. Fue nominado para la candidatura a la presidencia, pero decidió replegarse y apoyar a Richard M. Nixon. En una defensa de la unidad del partido, dijo a sus frustrados partidarios: "Crezcamos, conservadores. Si queremos recuperar este partido, cosa que pienso que podremos lograr, pongámonos a trabajar".

A lo largo de los años siguientes, Goldwater negó repetidas veces los rumores de que estaba considerando aceptar la candidatura a la presidencia en 1964, aún cuando surgieron a lo largo y ancho del país numerosos clubes "Goldwater para presidente". Sin el estímulo del senador, se formó un Comité Goldwater de Alistamiento Nacional al inicio de 1963 para atraer a sus partidarios naturales: los extremistas de derecha, los sureños insatisfechos que compartían su oposición a la eliminación de la segregación, los defensores de los derechos de cada estado, y (los más importantes) los conservadores de los pequeños poblados que formaban la masa de los delegados de la Convención Nacional Republicana. Gran parte de la fuerza de Goldwater provenía de la debilidad relativa de los otros republicanos con aspiraciones al poder, entre ellos Richard M. Nixon y Nelson A. Rockefeller. Por otro lado, sin embargo, fue abiertamente desairado por el llamado *Eastern Establishment*, un contingente de líderes moderados y liberales que habían elegido candidatos republicanos a la presidencia durante cerca de tres décadas. Goldwater superó a Rockefeller y ocupó el primer lugar en una encuesta Gallup de republicanos a mediados de la década de los sesenta.

El 3 de enero de 1964, Goldwater anunció su candidatura para la nominación republicana a la presidencia. Insatisfecho con la atmósfera de elecciones primarias que él mismo describió como de *babykissing, handshaking, blintzeating,* se concentró en las convenciones estatales donde capturó a una sorprendente mayoría de delegados. Además, modificó algunas de sus posturas más controvertidas, lo que lo llevó a ganar la mayor parte de los concursos primarios en los que participó y, para atraer más votos, publicó un libro *Where & stand* donde compilaba sus discursos de campaña y exponía su nueva postura política.

Cuando los republicanos se reunieron en San Francisco, en julio de 1964, Goldwater parecía virtualmente insuperable. Ganó en el primer escrutinio. Su compañero para la vicepresidencia era William E. Miller, un congresista poco conocido de Nueva York. En su discurso al aceptar la nominación, Goldwater condenó al gobierno de Kennedy y Johnson por no mantener la seguridad de los Estados Unidos y por su debilidad para encarar la amenaza del comunismo mundial. Prometió que su administración volvería a ganar el respeto del mundo y a restaurar la razón en el gobierno de la nación. "El extremismo en la defensa de la libertad no es un vicio", le recordó a su audiencia, y "la moderación en la búsqueda de la justicia no es una virtud".

Goldwater se mostró incapaz de reconciliar las diferencias entre las facciones conservadoras y moderadas de su partido, lo cual dejó entre los republicanos amargas divisiones. Numerosos candidatos republicanos se separaron de la contienda, y varios periódicos republicanos expresaron su apoyo al presidente Lyndon B. Johnson. Los discursos en los que enfatizaba la alerta militar y el arrebato en relación a la política exterior no contradijeron su imagen de provocador de guerras. Tiempo después, Goldwater admitió que "la campaña se impregnó de miedo" hacia él: "De hecho, si no hubiera conocido a Goldwater, no hubiera votado por el odioso de mí". El 3 de noviembre de 1964, Goldwater perdió ante la avalancha de 16 millones de votos ganados por Johnson, el 61.3 por ciento del total.

Después de aquella estremecedora derrota, Goldwater regresó a Arizona, donde dicho con sus palabras fue "esquivado como ave de mal agüero" por los republicanos hasta 1968, año en el que fácilmente ganó la elección para el Senado de los Estados Unidos, superando a Roy Elson, su opositor demócrata, por más de 70 mil votos. De vuelta en Capitol Hill, apoyó firmemente las políticas del presidente Nixon respecto a la guerra de Indochina, y durante un acalorado debate en torno al creciente ataque aéreo sobre Vietnam del Norte en abril de 1972, acusó de tener "rodillas débiles y vértebras de gelatina" a quienes se oponían al bombardeo. "Prefiero que se oscurezca todo Haiphong a perder una sola vida americana más". Para sorpresa de sus compañeros conservadores, aplaudió la apertura diplomática del presidente Nixon hacia la República de China.

Goldwater, para entonces, se encontraba perturbado por la pérdida de antigüedad que le causó la ruptura de su servicio senatorial. Pero nada le dolía más que el hecho de ya no ser invitado con frecuencia a la Casa Blanca. Consecuentemente, su índice de participación como votante de sólo 45 por ciento fue el peor en el Congreso Nonagésimo Primero. En agosto de 1972 admitió que se sentía marginado y habló, en privado, de retirarse.

Los escándalos de Watergate recuperaron la prominencia nacional de Barry Goldwater. Poco tiempo después de la reelección del presidente Nixon en 1972, Goldwater empezó a exhortarlo a hablar abiertamente para eliminar suspicacias. Durante los siguientes 18 meses, lo criticó sin tregua. En agosto de 1974, después de que Nixon admitió haber ocultado evidencias del caso Watergate, Goldwater acompañó a los líderes republicanos a la Casa Blanca y, como vocero del grupo, le advirtió al presidente que obtendría un máximo de 15 votos en un tribunal del Senado y que él, Goldwater, probablemente votaría en su contra por abuso de poder.

Súbitamente volvió a ser un héroe político y, de acuerdo con una encuesta Gallup, uno de los diez hombres más admirados en el mundo. Volvió a postularse para senador en aquel mismo año de 1974 y triunfó sobre el demócrata Jonathan Marshall por cerca de 91 mil votos.

A unos años del escándalo, sin embargo, el carácter ortodoxo de su proyecto político volvió a colocar a Goldwater a la saga en cuanto a las preferencias electorales de los estadounidenses. Sobrevino, sin remedio, su retiro de la política activa. Volvió a dedicarse de lleno a los negocios. Hasta hace algunos años, tenía lugar periódicamente en Guadalajara, México, un desfile de modas patrocinado por una de sus empresas.

En la actualidad, Barry Goldwater vive prácticamente confinado en su residencia de Arizona, dada su avanzada edad. Pendiente, empero, de cuanto ocurre en el mundo, la felicidad lo embarga tras el fin del comunismo, no obstante que en noviembre de 1992 estuvo a punto de sufrir un paro cardíaco luego del triunfo del demócrata Bill Clinton como nuevo presidente de los Estados Unidos.

EL INSOMNIO DE
MARIA IZQUIERDO

En sus ojos veo mucho dolor. Me mira sentada frente a su atril en el que se observa un bodegón de colores oscuros en proceso; su pelo negro en una apretada trenza rematada por lanas de colores rodea su cabeza, con su mano izquierda sostiene la derecha, la del pincel.

—Está así desde que le dio el ataque —informa su hija Amparo—. Es una enfermedad que no perdona.

María Izquierdo se esfuerza. Pinta trabajosamente. La escena es admirable. María Izquierdo es tal vez el testimonio vivo más elocuente de la devoción a la pintura, pero la devoción mexicana, la que se flagela y se castiga. Su carrera, su trabajo es como el cumplimiento de esas mandas en que se llega al santuario después de subir de rodillas la inclinada cuesta de piedra. María Izquierdo tan mexicana no es bella, es peor, encanta, ejerce un sortilegio, clava una daga de obsidiana en todo lo que ve. Idolo, sus labios curvos recuerdan las cabezas olmecas de La Venta. Amparo la ayuda a responder cuando titubea, busca sus palabras o se le atoran en la boca. Entonces su rostro cobra una intensidad dolorosa y lo que no dice con la voz lo dice con los ojos. Aunque no conozco a Frida Kahlo, sé que ella también sufre mucho, confinada a su recámara sin ver nada más que el espejo. Se lo comento a Amparo que responde: "La única diferencia es que Frida Kahlo es rica, la visitan mucho, en la *Casa Azul* todos la miman, le hacen fiestas, se pelean por atenderla, mi mamá no, y tenemos muchas deudas".

María Izquierdo entonces levanta la vista al atril y pronuncia en voz titubeante, queda, atormentada:

—¿Hablas de Uribe?

Uribe, me explica Amparo, es Raúl Uribe un marido muy malo que le tocó en suerte a su mamá, no, no yo no soy hija de él, para nada, soy hija de mi papá, se divorciaron hace muchos años, ese Uribe es un pintor chileno, mala persona que la explotó siempre, aunque sí la obligó a pintar mucho, como un *manager*, ya que él se dedicó a promocionar y a vender la obra. Nos dejó muy endrogadas y nos metió en muchos líos. Sólo se portó bien los primeros años, después fue un horror.

María Izquierdo sigue pintando de a poquito, su cara casi pegada al bastidor.

—Para mi mamá han sido años terribles pero ella, a pesar de su situación, quiere hacerle frente a todo. Ella misma va a contestarle, despacito, pero puede hacerlo. Lo que usted no le entienda, yo después le explico.

* * *

—En 1928 comencé a pintar en la escuela de San Carlos de Bellas Artes. Un año seguí los cursos y también pintaba en mi casa. Luego fui a Piedras Negras, Coahuila donde participé en un concurso y obtuve el primer premio con tres cuadros, entre ellos el de un gallo y esta fue mi primera exposición. De regreso a San Carlos hubo otra exhibición de cuadros de los alumnos y el director Diego Rivera escogió tres cuadros míos firmados. M. Izquierdo suponiendo que yo era hombre. "Esto es lo único que vale". Después declaró en público que María Izquierdo era la mejor alumna que San Carlos podía tener.

—¿Quiénes fueron sus maestros?

—Germán Gedovius, Diego Rivera y Toussaint. Me estimaban. También tuve buenos compañeros, sobre todo Fernando Gamboa. El hecho de que Diego me señalara desató la furia de los demás alumnos que me corrieron a cubetazos de agua y me cerraron literalmente la puerta de San Carlos. Como mis maestros y grandes críticos me declararon artista ya hecha, me retiré a mi casa para pintar y no he vuelto a tomar una sola clase.

—¿Qué es lo que le gusta pintar?

—Lo que más me nace es la naturaleza. No exagero, me gusta toda. Lo que siento trato de transportarlo al lienzo, me gustan sobre todas las cosas sencillas, los juguetitos de barro, las palmas tejidas, los saltapericos.

—Y de lo que ha pintado ¿qué es lo que más le gusta?

—Una alacena con juguetes de barro mexicanos. Todos me gustan, pero siento especial cariño por mis murales porque en ellos metí un gran esfuerzo: dos plafones al fresco transportables que representan la tragedia y la música. La técnica que usé en esos frescos es la de los frescos pompeyanos. Tienen la misma calidad transparente.

—¿Y los colores?

—Durante una década me dediqué a un sólo color por año, son siete colores los que me importan, el rojo, el bermellón, el carmín, ocre, blanco, rosa, el rosa de los indios, chicle, y el tezontle, la tierra quemada de Michoacán.

Lo más admirable en María Izquierdo es su forma de enfrentarse a la enfermedad de gravísimas consecuencias que sin embargo no ha quebrantado su espíritu. Al contrario demuestra qué poder tan maravilloso de voluntad y de valentía existe en ella. Durante seis años, María Izquierdo no ha dejado de pintar, a pesar de la parálisis del lado derecho.

—Salí de esta enfermedad a fuerza de mi brazo. Mi primera obra fue un altar a la Dolorosa que pinté poco a poquito con mis dos manos. También hice una Virgen de Guadalupe que tiene la misma calidad de auténtica devoción que el altar a la Dolorosa. Ellas han de salvarme, las dos, las dos madres, las dos reinas, las dos vírgenes.

—¿Cree usted, como se dice ahora, que hay una influencia extranjera en la pintura mexicana, es decir, en los pintores que vienen después de usted y de Frida Kahlo?

—Sí lo creo. Vienen muchos turistas, muchas personas nos visitan en México. Yo también he viajado y debo reconocer en mí, influencias extranjeras. Admiro a pintores como Van Gogh, Picasso, Rosseau, Dalí. Conocí a Salvador Dalí cuando vino a México. Al que más quiero de todos es a Gauguin; su vida y su obra. Me impresiona su forma de vida, su muerte, ¿será porque murió leproso y lo quemaron? Admiro a esa gente que corre el riesgo y lo abandona todo para darse completamente a su fe.

—¿Y qué pintores mexicanos admira?

—José Clemente Orozco —exclama María de inmediato—, es el maestro de todos nosotros. Me encantan también Tamayo y Juan Soriano. Yo le debo mucho a Tamayo pero también él me debe a mí bastantito. De mis contemporáneas Frida Kahlo, alumna de San Carlos e Isabel Villaseñor que ya murió, son las únicas verdaderamente en su obra. También encuentro magníficas a las escultoras.

Al abandonar la calle de Puebla número 272, me quedé con la imagen de esta mujer de cincuenta años, hermosa y bravía máscara mexicana, la estructura de su rostro y su expresión que remite al Crucificado, su mano izquierda que sostiene a la derecha, o de plano se pone a pintar a pinceladitas adoloridas una y otra vez hasta lograr apariciones casi lúgubres de tan opacas. Me pregunto si los compradores al adquirir algunos de sus *Altares* se imaginarán siquiera el viacrucis por el cual atravesó María Izquierdo para darle fin a este Viernes Santo que es ahora su vocación de pintora.

LOS CABALLITOS DE CIRCO DE MARIA IZQUIERDO

Cuando la conocí en 1953, había ya tenido, en 1948 el terrible ataque, una hemiplejia que paralizó el lado derecho de su cuerpo. Sin embargo, su fuerza de carácter la hizo recuperarse, volver a hablar y volver a pintar. Todos sus amigos le ayudaron, organizaron una subasta a su favor, la apoyaron Lola Alvarez Bravo, su íntima amiga, María Asúnsolo siempre generosa, Elías Nandino, Margarita Michelena, Edelmira Zúñiga y naturalmente su hijo y sus dos hijas. Cuando la entrevisté, su hija Amparo, siempre presente le ayudó a responder las preguntas, aunque a ella la sentí muy lúcida, muy presente y muy entera. Su cara una máscara, su cara un ídolo, su cara linda, su cara que era su cuerpo, su cara que le entregaba por entero. Tenía un rostro muy fuerte, muy bello, muy mexicano y muy adolorido. Me doy cuenta que la palabra *muy* se aplica a María Izquierdo. Era *muy* de todo, antes que nada muy trágica, tan cubierta de saetas como Frida Kahlo. En ese mismo año de 1953, se había divorciado de su esposo Raúl Uribe, pintor chileno que la explotó desde el momento en que le puso los ojos encima.

María Izquierdo nació el 30 de octubre de 1902 en San Juan de los Lagos. Su madre era agente viajera y se la encargó a su abuela, en Aguascalientes. A los catorce años se casó con un militar Cándido Posadas (¡qué bonito nombre!) y procreó tres hijos: Carlos, Amparo y Aurora. En la ciudad de México, María Izquierdo se separó de Cándido y empezó a tomar cursos de pintura. En 1928, Fernando Gamboa la vio entrar al taller de Germán Gedovius en la Academia de San Carlos. Gamboa nos dice:

"María tenía una sonrisa que cautivaba a todo el mundo. Bastaba verla, oírla hablar y reír; para sentir su gran humanidad y cordialidad...

"...En abril del mismo año Diego Rivera fue nombrado Director de la Academia de San Carlos, y designó como profesores a algunos artistas jóvenes; de esta suerte María Izquierdo entró al taller de pintura que Rivera le confió a Rufino Tamayo. María, que tenía entonces 26 años era una muchacha llena de vida y muy atractiva, de tez morena —tenía mucha sangre india— de pelo y ojos negrísimos, preciosos. Pero por encima de todo era una gente con la cual se podía entablar amistad en un instante.

"...Venía a la escuela vestida encantadoramente provinciana. María tenía una notable capacidad de asombro y una memoria visual extraordinaria. Jamás que yo recuerde, hizo apuntes en los viajes; retenía todas sus vivencias, y le servían para pintar temas muy variados. Pintó, por ejemplo, su visión de los tecorrales de Morelos (bardas llamadas así, hechas de piedra bola), que según me dijo le parecían "serpientes emplumadas". Pintó varias veces su visión —siempre original— de los bañistas, del circo, de los caballos y de los altares que habían sido sus mundos de infancia. Yo creo que quienes mejor han interpretado el fondo y la esencia del arte de María Izquierdo (lo digo con el mayor respeto por todos los demás que lo hicieron), fueron el escritor zapoteca Andrés Henestrosa y Antonin Artaud, el gran poeta francés, que se decía que estaba buscando aquí el paraíso perdido. Este hombre no muy alto, huesudo, con un poco de melena rubia, pajosa, al aire, vestido de blanco que se quedaba parado en un esquina cualquiera de la ciudad de México, viendo a ninguna parte, seguramente bajo la influencia de algún enervante, y que cuando lo saludabas te cogía de la solapa y no te soltaba hasta decirte algunas frases. De María me dijo un día: "Si estoy en México es porque estoy buscando un arte que no imite al europeo que abunda por todas partes, y solamente en la pintura de María Izquierdo he encontrado una inspiración verdaderamente local, india, una pintura espontánea, sincera, fuerte, primitiva, que me inquieta y que ha sido para mí una revelación. No sé si lo que pinta y que expresa con vehemencia y con los sentidos lo hace porque es dueña del misterio de los colores, porque para ella no hay alquimia ni sofisticación, sino acaso por atavismo del espíritu del arte de sus ancestros indios que interpretaban la realidad no visible. Un día el arte de esta mujer ocupará el lugar que le corresponde en el mundo pictórico de nuestro siglo".

También en 1928, María inicia su relación con Rufino Tamayo, viven juntos, él influye en ella, ella influye en él. Olivier Debroise escribe:

"Margarita Nelken contó la anécdota, ahora célebre del 'descubrimiento' de María Izquierdo. 'Diego Rivera pasó sin detenerse ante las obras de los alumnos menos calificados y, al tropezarse de pronto con la pintura de María, declaró rotundo. 'Esto es lo único'. Indignación. Escándalo. Protesta general. 'Es un delito nacer mujer' —exclama María Izquierdo en sus memorias. Es un delito aún mayor ser mujer y tener talento'.

"Rivera organizó (en son de reto y de apoyo, dice Margarita Nelken) una exposición de María en la Galería de Arte Moderno del inconcluso Teatro Nacional (actual Palacio de Bellas Artes).

"Un año después, en noviembre de 1930, María Izquierdo se encontraba en Nueva York, gracias a la gestión de Frances Flynn Paine, presentaba veinte obras en el *Art Center*, la galería donde habían expuesto dos años antes Rufino Tamayo y José Clemente Orozco, y en la que se había organizado, a finales de 1928, la primera muestra colectiva de pintura moderna mexicana. Al mismo tiempo, René D'Harnoncourt colgaba dos telas suyas en una exposición de arte mexicano en el Metropolitan Museum of Art.

"María Izquierdo enseñaba dibujo en escuelas secundarias de la Secretaría de Educación Pública. Un trabajo honrado que le daba tiempo para pintar. Cosía y bordaba sus propios vestidos. Realizaba batiks en su taller de San Pedro de los Pinos. Recibía, casi a diario, a sus amigos pintores, poetas y escritores Francisco Miguel, Rufino Tamayo, Xavier Villaurrutia, Jorge Cuesta, Luis Cardoza y Aragón, Manuel y Lola Alvarez Bravo, Pepe Alvarado, Ermilo Abreu Gómez, Andrés Henestrosa, Manuel Moreno Sánchez, Lya Cardoza y Olga Costa... Improvisaba comidas, cenas.

"María era una mujer muy alegre y muy popular, muy provinciana, como un jarro lleno de agua de manantial, fresca y pura —recuerda Lola Alvarez

Bravo—. Le gustaba todo lo popular, lo mexicano directo: las carpas, las canciones, las ferias, los árboles, las frutas, las cantinas, los rincones de los pueblos, los circos... Pero el goce que María tenía de lo popular; no sólo le gustaban las carpas, sino que tenía un montón de amigos carperos y cancioneros.

"Una mujer mexicana de veintisiete o veintiocho años se abre camino en el pequeño mundo de los que forjan la cultura en la ciudad de México. Sin habérselo propuesto, deviene un artista en el México de los años 30, ni totalmente revolucionario, ni absolutamente estable, ni verdaderamente moderno, ya no tan arcaico, ni estancado, ni olvidado".

Hasta aquí Olivier Debroise.

María Izquierdo, pintora notable, dejó de existir el 3 de diciembre de 1955, víctima de una cuarta embolia en su casa de la colonia Roma.

CANTINFLAS

¿LE SEGUIMOS O LA CORTAMOS?

La cita es a las once en el edificio de su propiedad en Insurgentes. Me recibe un gordo seboso con un traje tan apretado que temo que salte un botón y me saque un ojo.

—Vengo a ver a Cantinflas.

—Dirá usted, a don Mario Moreno.

—No, a Cantinflas.

—A Mario Moreno, señorita.

—A Cantinflas, señor.

—Cantinflas es el de las películas, aquí encuentra al señor Moreno.

—Bueno, al que sea pues, pero que me reciba.

—¿Qué asunto viene a tratar?

—Vengo a hacerle una entrevista. Hizo la cita mi tío Raoulito.

—¿Quién?

—El doctor Raoul Fournier, médico de Cantinflas.

—¡Y dale!

—Mi mamá bailó con Cantinflas.

—¿En qué película?

—No, en una fiesta en su casa la semana pasada. Cantinflas la sacó bailar y dice mi mami que baila igualito que en el cine, todo descuajaringado.

—¿Descuaja qué?

—...ringado. También le causó gracia su acento porque mi mami habla con la erre francesa y él se puso a imitarla.

—Bueno ya, déjeme ir a ver si está don Mario. Siéntese por allí. (Señala el suelo y se introduce en la oficina de Cantinflas, perdón, de don Mario Moreno. Con esa facha, no me explico cómo no lo ha contratado de patiño en sus películas. Olvida cerrar la puerta y alcanzo a escuchar un hondo lamento: "¡Ah, cómo me jeringan! ¡Hazla pasar, pues!")

—Buenos días, don Cantinflitas.

—Sí, niña, a ver, dígame rápido qué desea.

—Pues quiero saber dónde nació usted.

—Mi secretario le va a dar un curriculum. Mucho gusto en conocerla, que le vaya bien.

(Delgado y muy acicalado, me señala la puerta con un gesto amable y una sonrisa mecánica. Recorro con rapidez sus mocasines italianos, su Rolex y su cuello de tortuga y el susto me invade al llegar a sus ojos con expresión de dureza).

—Ay, ay, ay, ay.

—¿Qué le pasa?

—No sea malo, me van a regañar en el periódico.

—¿Cuál periódico?

—El *Excélsior*.

—Ah, haberlo dicho antes. Siendo así, le puedo dedicar hasta cinco minutos.

(Pensando que lo de cinco minutos es un decir, me dispongo a entrevistar al mimo mexicano que por lo visto tiene catarro constipado ya que se suena cada cinco segundos).

—¿Es cierto que a usted no le gusta la gente morena?

—¿De dónde ha sacado semejante disparate?

—Pues es que se casó con una güera rusa, Valentina Ivanova, la hermana de Shilinsky, y tiene amigos güeros como mi tío Raoul al que le dicen el Güero Fournier. ¡Y en sus películas pura Emilia Guiu y pura Miroslava, pura rubia de categoría aunque sean güeras de rancho pero ninguna prieta!

(Aprieta sus puños sobre el escritorio).

—Lamento decirle que está profundamente equivocada, porque verá usted, yo no distingo a la gente por su color de piel sino por su inteligencia. Una cosa es pasarse de listo y otra pasarse de idiota ¿no cree usted?

—¿Y yo por qué habría de creerlo?

—Porque supongo que es usted una niña informada, que si está de periodista es porque sabe usted hacer su trabajo. ¿O no?

—No pues sí... Oiga, don Cantinflitas, ¿a usted le chocan los periodistas?

—No, no me chocan los periodistas. Y le hago la aclaración: *periodistas...*

(En ese momento de la entrevista comienzo a sentirme aludida con algunos de sus comentarios).

—Oiga don Cantinflitas, dicen que los argumentos de sus películas son muy malos ¿usted qué opina?

Cantinflas mira chueco y se suena:

—¡¿Qué quiere usted que le diga?! Yo respeto la opinión del público. Me gustaría que alguien viniera a traerme aquí, en vez de una crítica un buen argumento.

—¿Y qué piensa usted de la revista con la que acaba de inaugurarse el Teatro de los Insurgentes? ¿Está usted satisfecho?

—Si el público está contento yo también lo estoy.

(Puesto en el trance de responder a las preguntas concretas el inventor del cantinflismo se deja de cantinfladas y contesta breve y preciso a base de sílabas escuetas: "Sí", "No", "Todo", "Claro", "Cállese").

—¿Y le gustó cómo salió el mural de mosaiquitos de colores que le hizo Diego o lo dibujó a usted con cara de sapo como él?

(Se da la sonada más fuerte de la charla, me mira con ojos de te mato. Respira hondo).

—El maestro Rivera es el mejor pintor de México y todo lo suyo es arte.

—¿Qué es para usted lo cómico?

—Yo me atengo siempre a los resultados. Para mí lo cómico consiste en hacer reír a las gentes, hacer que se rían, sobre todo de sí mismas es mi mayor ambición. Quiero hacerles olvidar que viven feo y que en la vida hay muchas cosas que no son bellas. Por fortuna, el mexicano tiene un gran sentido del humor.

—¿Admira usted a Chaplin?

—Sí.

—¿Por qué?

—Nomás porque sí, no me gusta dar explicaciones.

—¿Le gustó la última película, *Candilejas*?

—Sí. También nomás porque sí.

—¿Le gusta Tin Tan?

—No.

—¿Por qué?

—Porque no.

—¿Qué quería ser usted de chiquito, don Cantinflitas?

—Abogado.

—¡Ay cómo será! ¿por qué me vacila?

Me lanza puñales con las pupilas.

—Fui un niño pobre y no pude sostener una carrera a pesar de mi gran vocación.

—Con su modo de hablar usted habría puesto a los juzgados de cabeza.

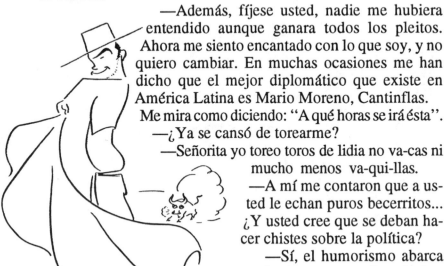

—Además, fíjese usted, nadie me hubiera entendido aunque ganara todos los pleitos. Ahora me siento encantado con lo que soy, y no quiero cambiar. En muchas ocasiones me han dicho que el mejor diplomático que existe en América Latina es Mario Moreno, Cantinflas.

Me mira como diciendo: "A qué horas se irá ésta".

—¿Ya se cansó de torearme?

—Señorita yo toreo toros de lidia no va-cas ni mucho menos va-qui-llas.

—A mí me contaron que a usted le echan puros becerritos... ¿Y usted cree que se deban hacer chistes sobre la política?

—Sí, el humorismo abarca todos los sectores. Pero lo importante es saber hacerlo sin herir a los demás. Hay formas alegres, amables de criticar a la gente, cosas que aún siendo trascendentales, no dañan a nadie. Si en lugar de guerras, todos nos pusiéramos a hacer chistes, el mundo sería feliz.

—¿Qué chiste haría usted sobre el gobierno actual o sobre el presidente Adolfo Ruiz Cortines?

—Cuando se presente la oportunidad de hacer un chiste sobre cualquier gobierno, tenga usted la seguridad de que no seré yo quien la deje pasar.

—¿O se va a esperar a que salga para reírse de su corbatita de moñito y del peinado bombacho de su esposa doña María Izaguirre?

—No, esa no es mi costumbre.

—¿Le gustaría ser presidente de la República?

—¡Oiga usted, me agarró forzado!... Como le iba diciendo, pues mire usted, cuando uno siente que las cosas lo están agarrando forzado, y entonces, naturalmente, uno dice, se pone frente a la situación, en esta forma, y qué quiere usted, le seguimos o la cortamos, después de todo uno ha nacido en buenos pañales.

—¿Y a usted le gusta bailar?

—Me encanta.

—Dice mi mami que baila usted chistosísimo, igual que en las películas y que cuando la sacó, le provocó tortícolis.

—¿Quién es su mamá?

—Fue a una fiesta con Raoul y Carito Fournier, es prima de Carito. Es muy guapa mi mamá, y por eso la sacó usted.

(Carraspea).

—Ah, ya me acordé. No me hubiera imaginado que usted es hija de la señora Paula. Mire, en las fiestas no bailo como en las películas, bailo como cualquier mortal y no tumbo a nadie y menos provoco eso tan feo que dice usted que le dio a su señora madre.

—Oiga don Cantinflitas, y aquí ya en confianza, ¿es cierto que cuando usted va a regresar de un viaje le avisa a su esposa Valentina por medio de un telegrama donde le dice: "Vieja, lávame la ropa"?

Mario Moreno se pone de pie, mira su Rolex y recuerda:

—Dijimos que cinco minutos, ¿verdad?

—Dijo usted.

Sentada, lo percibo gigantesco y temible. Mi mirada de espanto lo sigue al dirigirse a la puerta. El temblor que domina mis piernas por poco hace que me caiga cuando me levanto dispuesta a obedecer la indicación que me hace con la mano. Cantinflas sonríe por única vez, sardónico, y dice:

"Voy a rezar por usted. Es decir, para que le salga bien la entrevista, porque la veo bastante asustada..."

2 de agosto de 1953.

CANTINFLEAR LA MEXICANA VIDA

Desde que se le ocurrió bajarse los pantalones mucho más allá de la cintura y atorárselos no en la cadera sino en el coxis, ponerse una playera dada a la tristeza de manga larga que alguna vez fue blanca y rematar con un paliacate rojo de esos que los "niños bien" usan para sonarse los mocos; desde que se colgó una hilacha y la llamó su gabardina y se hizo un barquito a modo de sombrero (como de papelerito, pero aquí era de fieltro), desde que a Mario Moreno se le ocurrió llamarse Cantinflas, los mexicanos nos pusimos a cantinflear conscientemente.

CANTINFLAS.- De Cantinflas, popular actor mexicano. Persona que habla o actúa como Cantinflas.

CANTINFLEAR.- Hablar de forma disparatada e incongruente y sin decir nada. Actuar de la misma manera.

CANTINFLADA.- Dicho o acción propios de quien habla o actúa como Cantinflas.

En enero de 1993, Cantinflas se volvió adjetivo y sustantivo. Los tres términos antes citados fueron aprobados por la Real Academia Española de la Lengua y para este momento deben figurar en todos los diccionarios de castellano. Se dio así nombre a una práctica ancestral de nuestro pueblo, que alcanza su cumbre en los discursos políticos: construir frases sin contenido alguno, sin sentido. Cantinflas se las apropió, al tiempo que se convertía en la quintaesencia de la picaresca, del albur, del doble sentido, de la gracia. Emulo del "peladito" mexicano, se echó a la bolsa raída de su pantalón al pueblo entero. Al representarlo, lo rescataba. "Cantinflas es popular porque en cada esquina tenemos uno", acostumbraba decir. En las carpas de los barrios pobres de la ciudad de México, pronunciaba una retahíla de palabras que iban a dar a la nada, nunca una idea se concretaba, nunca tenían fin y así Cantinflas retrató a numerosos personajes: el cartero, el barrendero, el patrullero, el profesor, el torero, el gendarme, el político.

Como le dijo a Luis Suárez en una entrevista publicada en *Siempre* en Julio de 1961, una cosa es Cantinflas y otra Mario Alfonso Moreno Reyes. Este último nació en la ciudad de México el 12 de agosto de 1911, en la colonia Santa María la Redonda; fue bolero, mandadero, cartero, aprendiz de torero, taxista, boxeador, y acabó convertido en el próspero administrador de los bienes de Cantinflas el mimo, el extraordinario cómico mexicano que, por su parte, nació hacia el año 1927 en una carpa recién instalada en el Parque Juárez de Xalapa, Veracruz. Mario Moreno jamás había pisado un escenario pero, sentado en un banca mientras montaban la carpa, se le ocurrió acercarse a pedir trabajo.

—¿Y usted quién es? —le preguntó el dueño.

—Yo soy artista —respondió, sin más.

Ataviado con la vieja pijama de su padre, se puso a hacer parodias de canciones de moda y fue contratado a razón de 80 centavos por función. Con aquella carpa regresó más tarde a la ciudad de México, donde por años trabajó en otras, como la Sotelo en Azcapotzalco, la Capicul en Tacuba, la Ofelia, la Rosete, la Valentina, la Novel. En ésta adquirió el nombre de Cantinflas, acuñado, según él contaba, por el mismo público: un día en que faltó el animador, Mario Moreno —hasta entonces un cómico convencional, patiño de "Chupamirto" que murió a consencuencia del alcoholismo y de quien, aseguran, tomó elementos para crear su popular personaje— fue designado para sustituirlo. Aterrado al enfrentarse por primera vez al público sin el apoyo del *script*, habló durante quince minutos de todo lo que se le vino a la mente, un discurso sin pies ni cabeza que arrancó carcajadas. "¡Cuánto inflas!" gritó alguien. "¡Ese mi Cantinflas!", dijo otro, y Mario Moreno decidió tomar esa palabra como nombre artístico.

Debutó en teatro en 1936, en el Follies Bergere, y ese mismo año en el cine, que le daría su mayor fama. *No te engañes corazón* de Miguel Contreras Torres fue su primera película, en un papel de apoyo pero ya con su personaje perfectamente articulado. En 1937 filmó *Así es mi tierra* y *Aguila o sol* de Arcady Boytler. A partir de éstas, su popularidad creció de modo inmediato. En 1931 ya era una estrella del celuloide, cuando actuó en *El signo de la muerte* de Chano Urueta, *Cantinflas en las tinieblas* y *Jengibre contra dinamita* de Fernando A. Rivero. En 1940 estelarizó cinco producciones: *Cantinflas boxeador, Cantinflas y su prima* de C. Toussaint y *Ahí está el detalle* de Juan Bustillo Oro, que lo consagró como el gran mito cómico de la pantalla y donde compartió créditos con Joaquín Pardavé y la actriz Fraustita. Sus compañeros eternos, lo mismo en la carpa, que en el teatro, y en el cine, fueron Manuel Medel y Shilinsky, el cómico de origen ruso con cuya hermana, Valentina Ivanova, contrajo matrimonio Cantinflas. Después de la muerte temprana de Valentina Ivanova, Cantinflas nunca se volvió a casar aunque muchas mujeres lo reclamaran como esposo.

En 1941 filmó *Carnaval en el trópico* de C. Villatoro y dos de las cintas que fortalecerían su popularidad: *Ni sangre ni arena* de Alejandro Galindo y *El gendarme desconocido*, en la que encontró a quien sería su director de cabecera: Miguel M. Delgado. Con él realizó todas las películas a partir de ese año: entre otras, *Los tres mosqueteros* (1942), *Romeo y Julieta* (1943), *Gran Hotel* (1944), *El portero* (1949), *Si yo fuera diputado* (1951), *El bolero de Raquel* (1955), *El analfabeta* (1960), *El padrecito* (1964), *Su excelencia* (1966), *Un Quijote sin mancha* (1969), *El profe* (1970), *Conserje en condominio* (1973), *El ministro y yo* (1975), *El patrullero 777* (1977), y la última, *El barrendero* en 1981.

Su filmografía comprende en total 49 películas. En 1955 su carrera se volvió internacional al actuar en *La vuelta al mundo en 80 días* de M. Anderson, al lado de David Niven, de Shirley Maclaine, Marlene Dietrich, Frank Sinatra y un reparto multiestelar. Otras cintas que filmó en el extranjero fueron *Ama a tu prójimo* de Tulio Demicheli en 1958 y *Pepe* de G. Sidney en 1960, con Janeth Leigh y Tony Curtis. Su humor estaba sobre todo en su forma de hablar, no en las situaciones chuscas creadas por él; esto, la limitación del inglés, determinó que cantinflas no conociera el mismo éxito en Hollywood; tampoco en España, donde filmó *Don Quijote cabalga de nuevo* con Fernando Fernán Gómez. No obstante, el mismísimo Charles Chaplin lo llegó a considerar "el mejor cómico del mundo".

A Mario Moreno Cantinflas no había que sacarlo de sus caracterizaciones del peladito o del personaje popular mexicano. Quiso conocer la gloria internacional, pero no es en Estados Unidos o Europa donde se le recordará sino en México y en los países más desposeídos de nuestro continente. Sin embargo, Cantinflas abandonó al pueblo que le dio su verbo y su vena humorística. Famoso, no volvió a acordarse de la carpa ni de los pobres, sólo de vez en cuando y según su humor. A los demás les dio el inolvidable personaje de "Cantinflas", pero no hay institución a nombre de Mario Moreno Reyes, ni para la cinematografía ni para los mexicanos pobres. Dolores del Río creó y desarrolló una estancia infantil para hijos de actores; de Cantinflas no hay noticia, salvo su ayuda en casos aislados que se remontan a los cuarenta, los cincuenta.

No sólo el cine lo inmortalizó. Diego Rivera plasmó la figura de Cantinflas en el centro del mural que pintó para el Teatro Insurgentes, que fue inaugurado por el mismo cómico en 1953 con una revista musical.

En 1987 recibió el Ariel de Oro y a lo largo de su carrera numerosos premios. Se asoció con Carlos Amador para crear la serie de dibujos animados *Cantinflas Show*. Escribió el libro *Su Excelencia*, cuya trama es la misma de su película homónima en que un hombre del pueblo toma el lugar de un diplomático, y dejó inconcluso otro libro de anécdotas de su vida cinematográfica.

Por decisión presidencial, 1993 iba a ser el año de un gran homenaje nacional a Cantinflas. Este se hizo en la fecha programada, pero el cómico murió antes. El 20 de abril de 1993, a los ochenta y dos años de edad, Mario Moreno Reyes dejó de existir a consecuencia del cáncer pulmonar. El escribió su epitafio: "Parece que se fue, pero no es cierto". Se hubiera asombrado al ver las multitudes que llegaron al Teatro Jorge Negrete y al Palacio de Bellas Artes, donde su ataúd cerrado hubo de permanecer tres días para dar oportunidad de verlo a las larguísimas filas de admiradores que ni las lluvias torrenciales de esos días lograron disminuir.

Sin proponérselo, Cantinflas llegó a convertirse en un símbolo de México: el peladito, el hombre del pueblo, el mexicanito pobre, el que se las arregla para sobrevivir, el que vino del campo a la ciudad y se fogueó en la lucha diaria, el que aparece en las caricaturas de los periódicos. Es un personaje eminentemente citadino; no se podría dar sino en las calles de nuestra metrópoli. Cantinflas asombró al mundo, aunque perdió carácter al internacionalizarse. Su *Passe Partout* en *La vuelta al mundo en ochenta días* de Julio

Verne es mucho menos gracioso y tiene mucho menos sentido que el peladito que surgió en las carpas, en cualquiera de esos humildes jacalones en los que Roberto *El Panzón* Soto, Don Catarino Joaquín Pardavé y Manuel Medel hacían con su solo ingenio, su picardía, su comicidad, su valor para decir las cosas *teatro de revista* y se convirtieron en figuras inolvidables.

Filmó cincuenta y siete películas. Eulalio Ferrer declaró que con él moría el género de la carpa. Carlos Monsiváis, después de calificarlo de insuperable procuró citarlo: "Hay momentos verdaderamente momentáneos" y "No me diga, y entonces le dije, ¿no que no lo iba a decir? Y me lo dijo y ya. No diga lo que no dije". Su entierro fue apoteótico, tan multitudinario (doscientas mil personas lloraban bajo la lluvia) como el de otro ídolo popular: Pedro Infante. El *Adiós* de los mexicanos al cómico de la gabardina fue un cortejo de lágrimas. "A'i está el detalle, chiquitos, nada más me voy, de mi cuerpo se encarga diosito".

LEON FELIPE

—León Felipe, todo el mundo me ha hablado de usted en estos días. Sé que usted cumple 70 años, y yo quería conocerlo con esa barba que lleva y esa cabeza de apóstol de piedra... No le quitaré a usted mucho tiempo, tengo prisa, y sólo quiero preguntarle: ¿Qué es poesía?

—Usted quiere provocar en mí una respuesta de Bécquer... Pero no se la daré. Cuando menos, no se la daré tan pronto como usted quiere. Necesita quedarse quieta y escuchar un buen momento. Un hombre que ha vivido 70 años ya no tiene prisa por responder a ninguna pregunta. Y lo único que yo he pedido en cierto libro de versos es un poco de simpatías y una hora sin prisas... Pero usted, Elena, ¿será capaz de entenderme? Yo creo que no. Sobre todo, cuando le veo esa diversión de pájaro y esas alas de prisa... No me gusta hablar inútilmente y ser como la lluvia que cae y el címbalo que retiñe...

—No lo será, si usted me responde: ¿Qué es poesía?

—Poesía es transformar una bacía de barbero en un yelmo de Mambrino...

—¡Pero, cómo será de mala gente! Tal parece que usted se divierte en aumentar mi ignorancia. ¿Qué es una bacía de barbero? ¿Qué es un yelmo de Mambrino?

—Se la ha olvidado a usted *El Quijote*. Hay por allí una aventura muy realista, de marcado acento escatológico. Cuando Sancho logra contagiar su miedo a Don Quijote y pasan toda la noche temblando en espera de sabe Dios cuántos siniestros peligros, Sancho llega al colmo de su flaqueza humana; lastrado por él, Don Quijote ha perdido el último arresto de idealismo y pasa la noche —noche adversa y monstruosa— hasta que se abre paso la luz. Don Quijote sale del bosque y distingue al fondo de la carretera a un barbero que se dirige a Sevilla para cumplir sus menesteres... Lleva una bacía en la cabeza (una especie de vasija que servía para remojar la barba de los clientes), y Don Quijote padece entonces un espejismo...

—No entiendo muy bien...

—Claro que no entiende; si interrumpe y no escucha... En Castilla se parte de un realismo escueto y cínico que no elude la suciedad. De la más miserable de todas las debilidades humanas, Don Quijote, mediante un juego de luces y misterios, levanta metafóricamente otra vez el espíritu del hombre hasta sus más gallardas alturas. Entiéndame. Es el brinco del infierno al paraíso...

—¿Pero qué es lo que hicieron Don Quijote y Sancho Panza en el bosque oscuro?

—Elena, creo que tendría yo más éxito si le contara un cuento de hadas. Don Quijote y Sancho, llenos de miedo, asumieron una actitud vergonzosa, una actitud de patanes. A ver: ¿Qué es lo que le pasa a uno cuando tiene miedo?

—Pues supongo que se enferma uno...

—Exacto. Y no diga usted "pues". Es terrible hablar de ese modo. Don Quijote y Sancho, después de su gran miedo y de su gran vergüenza, se encuentran con la luz. El barbero lleva la bacía en la cabeza porque está lloviendo y Don Quijote vislumbra un caballero que lleva en la cabeza un casco milagroso. Sucede el gran milagro poético, cuando Don Quijote saluda en el barbero al Caballero Mambrino. El juego metafórico produce la luz. Don Quijote ya no ve un casco sino el halo de sí mismo de la santidad. Y la escala metafórica de imágenes se convierte en la escala de Jacob, transitada por los ángeles poéticos... Yo acabo de escribir un poema dramático que se llama "La manzana". Allí también hay un juego de metáforas que representan los peldaños de una escalera inmaterial que van desde el complejo mítico de la manzana —pasando por otras imágenes intermediarias—, y que enlaza la tierra al universo... ¿Me entiende?

—Usted quiere decir que la poesía hace un viaje por etapas, que nos lleva de peldaño en peldaño hasta el misterio mismo del hombre...

—Bueno, si usted quiere es algo así por el estilo... Si usted no me entiende ahora, tal vez me entienda leyendo mis versos. Además, acuérdese usted que me ha dicho que tiene prisa, y la prisa no es el estado de ánimo más aconsejable para la circunstancia poética...

—León Felipe, perdóneme usted, me quedaré aquí toda la vida si usted me hace un campito en su casa... Bueno, por de pronto me quedaré toda la tarde, y ojalá a usted le diera por leerme sus poemas...

—¡Ah! Veo que no es usted una piedra impermeable, como yo pensaba. Ahora, dígame usted claramente: ¿Quiere que le hable de poesía, o prefiere que le dé alguna información escandalosa? Haré ambas cosas, porque soy un hombre que cumple...

—Por de pronto, ¿cómo ve usted nuestras letras?

—Creo que están mejor los cuentistas que los poetas. Y en el caso de Juan Rulfo, por ejemplo, hay más poeta que cuentista. Tal vez éste no sea aquí el siglo de los poetas, aunque Octavio Paz podría desmentir cualquier teoría. Pero yo sostengo que Octavio dirá las cosas que tiene que decir por otro medio que por el de la poesía. Escribe muy bien en prosa y hace excelentes ensayos...

—Pero el mismo Octavio dice que es absolutamente incapaz de escribir una novela y que envidia a aquellos que pueden hacerlo...

—Mire, cuando se empieza con ese paralelismo de Paz, que es el de hacer excelentes poemas y excelentes ensayos, creo francamente que uno debe preferir el ensayo... Pero dejemos ese tema, porque a la mejor usted lo interpreta mal. Quisiera hablarle de los poetas pescadores y de los poetas cazadores como Rilke. El decía que después de una gran experiencia de la vida, después de reír, llorar o morir, después de ser invadido por un ejército de angustias, puede surgir de pronto el primer verso de un poema. Octavio Paz, por ejemplo, es un poeta pescador. Saca cosas del fondo del alma, como un pescador que hunde su anzuelo en el agua; pero los poetas más verdaderos son los místicos y los malditos. Ellos mismos son la flecha dirigida hacia el infinito. Los poetas pescadores y los cazadores son igualmente valiosos, pero nosotros, los poetas españoles, no somos ni cazadores ni pescadores. No somos la flecha disparada, ni el arpón buceador, ni tampoco la bala cazadora, sino la poesía que es más bien un juego de metáforas o de imágenes de luz ascensional. ¿Me entiende, Elena?

—"Bacía, yelmo, halo. Ese es el orden, Sancho..."

—Sí, Elena. Y ahora le voy a dar un pequeño recreo... ¡Bertuca!, ¡Bertuca! Ven a a ver a una rusita.

(Bertuca es la esposa de León Felipe, y la rusita —que nada tiene de rusa— soy yo).

—¡Por favor, no escriba usted todas las impertinencias que él dice!

—Bertuca, déjanos continuar. ¿Quiere usted que le dé yo algunos datos significativos de mi vida? Me caí de un burro con mi tía.

—¡Yo también me caí una vez!

—Sí, pero a usted eso la afectó mucho más que a mí. Luego fui boticario.

—León Felipe, todo eso se ha dicho ya. También sabemos que odia usted a los Estados Unidos y eso es terriblemente comprensible, pero las máquinas no le disgustan tanto, porque su poema "la máquina" ("The labour saving machinery") dice así:

Ni es un dragón,
ni es un juguete, Marta.
Es un regalo religioso,
el último regalo del Señor.
Para que no te pierdas demasiado
en el trajín diario de la casa;
para que no digas ya más:
primero es la obligación que la devoción.

190

León Felipe.

Y para que no te distraigas en el templo,
pensando en el horno, en la rueca y en el esclavo perezoso...

—Sí, Elena, pero también escribí "Standard Smile Company" (para Mister Truman, que ya tiene una brillante sonrisa de presidente, casi tan brillante como la de Perón), que dice lo siguiente:

(¡Je, je, je...
Ja, ja, ja...!
¡Jo, jo, jo...!)

Es la risa mecánica del mundo,
la risa del magazine y la pantalla,
la risa del megáfono y del jazz
la risa sincopada de los negros,
la risa asalariada,
la risa que se alquila y que se compra.

Risa presidencial de Mr. Truman y Perón.
La que anuncia las rotativas,
las esquinas,
las vallas,
la radio,
el celuloide y el neón,
y vende en todo el mundo
la gran firma
"Standard Smile Company"...

—León Felipe, quisiera que me respondiera a tantas preguntas.
Quisiera tener su contestación a las que se me ocurren ahora, y
a las que llevo en mí sin respuesta desde que tengo uso de razón.

Pero no es el tiempo que apremia ahora, sino el espacio. Por último, dígame algo más cerca de la poesía. Algo muy personal y muy sentido.

—Hoy, y para mí, la poesía no es más que un sistema luminoso de señales. Hogueras que encendemos aquí abajo entre tinieblas encontradas, para que alguien nos vea, para que no nos olviden. ¡Aquí estamos, Señor! Y todo lo que hay en el mundo es mío, y valedero para entrar en un poema, para alimentar una fogata; todo, hasta "lo literario", con tal de que arda y se queme. "Sé que en mi palomar hay palomas forasteras —decía Nietzsche—, pero se estremecen cuando les pongo la mano encima". Lo importante es esta fuerza que a todo lo conmueve por igual, lo que viene en el viento y lo que está en mis entrañas, este fuego que lo enciende, que lo funde, que lo organiza todo en una arquitectura luminosa, en un guiño flamígero, bajo las estrellas impasibles.

Poesía,
tristeza honda y ambición del alma
¡cuándo te darás a todos... a todos,
al príncipe y al paria,
a todos...
sin ritmo y sin palabras!

Hay quienes prefieren un León Felipe dinámico y rugiente, todo de piedra y apostólico, diciendo sus grandes versos con la voz resonante y trémula de los profetas iluminados.

Nosotros preferimos del gran poeta español una imagen más tenue y más tierna. Y de todos sus retratos escogemos definitivamente el que dibujó Elvira Gazcón, donde León Felipe aparece llevando una barba florida y un cráneo que en vez de pelo resuelve su corona en un apogeo de espigas y de flores, de avispas y mariposas. Allí el rostro está surcado de arrugas resplandores, y en los ojos aparece una complicada geometría de misteriosas luces.

Excélsior, 1954

193

EL DESTINO ERRANTE DE LEON FELIPE

León Felipe Camino Galicia escribió sus primeros poemas mientras recorría, en calidad de cómico de la legua, la España de principios de siglo. Su vida fue un continuo viaje hasta que llegó al destierro que marcaría su ser y su obra. Nació en Tabara, Zamora, el 11 de abril de 1884; su infancia transcurrió en Segueros, cerca de Salamanca, cursó la educación básica en Santander e hizo en Madrid la carrera de Farmacia. Muy joven se aficionó al arte dramático, y fue así como se integró a una compañía de teatro itinerante.

En 1918 se vio inmerso de la bohemia madrileña y recibió elogios de la crítica al realizar la lectura en el Ateneo de su primer libro, *Versos y oraciones del caminante*, que logró publicar en 1920, mientras trabajaba como administrador de hospitales en Guinea Española.

Viajó a América por primera vez en 1923, ayudado por Alfonso Reyes; vino a México y luego fue a Estados Unidos donde, casado con la profesora mexicana Berta Gamboa, sobrevivió impartiendo clases de español en la escuela Berlitz y en la Universidad de Cornell. Vivió en Nueva York, donde leyó a Whitman y trabó amistad con Onís y con García Lorca. En 1930 cambió su residencia a México, y fue entonces cuando se relacionó con el ambiente intelectual y artístico de la época; entre sus amigos cercanos de aquel tiempo figuraron Antonio Caso y José Vasconcelos.

Regresó a España al sobrevenir la guerra civil; escribió el poema "¡Good by, Panamá!" y se incorporó a la Alianza de Intelectuales, primero en Madrid, luego en Valencia. Al triunfo de los fascistas salió a París y se embarcó hacia La Habana. En 1940 decidió vivir su exilio en México.

Aquí se convirtió en una importante figura cultural. "León Felipe ocupó siempre un sitio aparte, muy por encima de todos sus contemporáneos, dijo Efraín Huerta. Impartía cursos y conferencias lo mismo en México que en casi todo Centro y Sudamérica, orientaba vocaciones literarias, apadrinaba revistas y era objeto de devoción entre la gente de letras que lo volvía el centro de las tertulias del Café Sorrento. Ricardo Garibay lo recuerda estremeciendo el Palacio de Bellas Artes al leer —e improvisar— su poesía con voz ronca y arenosa, de chambergo, bordón y zapatones, con gafas que volvían su mirar alucinado y la barba y el bigote ralos y grises; "un hombre montañesco o un animal antiguo dotado de clarividencia... España volandera bajo el gabán raído". Los jóvenes aspirantes a poetas, casi sin excepción, lo imitaban; repetían y gritaban sus versos, esperaban con impaciencia la salida de su nuevo libro, lo leían en *España Peregrina*, *Romance*, *Letras de México*, *Contemporáneos*, *Taller* y *Universidad de México*, entre otras publicaciones en que colaboró. En 1942 fundó la revista *Cuadernos Americanos* con Larrea, Ortiz de Montellano y Silva Herzog.

Su interés por el teatro, jamás disminuido, lo llevó a escribir cinco versiones de obras de Shakespeare: *Hamlet, El Rey Lear, Otelo, Macbeth* y

The Twelfth Night (*No es cordero que es cordera*). También se interesó en el cine y en 1951 escribió *La manzana*, un poema cinematográfico.

En México publicó la mayor parte de su obra: *El payaso de las bofetadas* y *el pescador de caña* (1938), *El hacha* (1932), *Español del éxodo y el llanto* (1939), *Ganarás la luz* (1943), *El ciervo* (1958) y *¡Oh, este viejo y roto violín!* (1965). En Madrid se publicó su *Antología* (1933), en Valencia *La insignia* (1937) y en Buenos Aires *Antología rota* (1948). Sus *Obras completas* aparecieron en Argentina en 1963 y posteriormente en México, aquí en volúmenes sueltos de la Colección Málaga.

Su condición de transterrado y la veneración que México le rendía llevaron a León Felipe a sentirse, en buena parte, mexicano. Sobre esto escribió:

Llegué a México montado en la cola de la Revolución.
Corría el año 23.
Aquí clavé mi choza.
Aquí he vivido muchos años:
aquí he gritado, he sufrido, he protestado, he blasfemado y me he llenado de asombro.
He presenciado monstruosidades y milagros.
Aquí estaba cuando mataron a Trotsky y cuando asesinaron a Villa y cuando fusilaron, ahí, en la carretera de Cuernavaca,
a cuarenta generales juntos.
Y aquí he visto a un indito
a todo México
arrodillado y llorando ante una flor.
¡Oh México enigmático de la pólvora y la rosa!

En México, donde produjo lo mejor de su obra, a decir de Arturo Souto Alabarce, León Felipe reforzó el tono apocalíptico que caracteriza a su poesía. La guerra de España y el exilio se convirtieron en sus temas reiterados, aunque luego se añadieron a éstos nuevas catástrofes del mundo, como fue la barbarie nazi durante la Segunda Guerra Mundial. "En realidad, el gran tema leonfelipesco es la desesperación ante la injusticia humana y la divinidad que parece permitirla", establece Souto Alabarce.

Franco, tuya es la hacienda,
la casa,
el caballo
y la pistola.
Mía es la voz antigua de la tierra.
Tú te quedas con todo y me dejas desnudo y errante por el mundo...
mas yo te dejo mudo... ¡Mudo!
¿Y cómo vas a recoger el trigo

y a alimentar el fuego
si yo me llevo la canción?

Su afinidad con *El Quijote* fue manifiesta, lo mismo que con toda la obra de Shakespeare y con la de Whitman. Unamuno y Machado determinaron su visión de España. Cristiano, aunque no declaradamente católico, llenó también su poesía de resonancias bíblicas. Al final de su vida, cuando ya sus admiradores le adjudicaban una estatura mitológica, León Felipe sorprendió al hacer un elogio público del entonces presidente de México Gustavo Díaz Ordaz. Coincidentemente, falleció el 2 de octubre de 1968, justo el día en que tuvo lugar la matanza en Tlatelolco de la que Díaz Ordaz se hizo responsable.

(Datos extraídos del *Diccionario Enciclopédico de México* de Humberto Musacchio y del libro *El exilio español en México*, de varios autores).

LAS GRANDES ROSAS DE FUEGO DEL MAGO

JESUS REYES FERREIRA

—...Que en Guadalajara y en el barrio de San Juan... Un grupo de amigos teníamos nuestro estudio ¿sabes dónde? encima de una cohetería que era como estar sentado en un barril de pólvora. Y allí fue donde yo abrí los ojos al mundo de la pintura. Mis verdaderos maestros son los coheteros y nada he amado tanto como sus girándulas, sus disparos de luces y sus grandes rosas de fuego. Con ellos aprendí la arquitectura del carrizo y del papel de china. Aunque no lo creas, yo sé hacer judas y papalotes y también esos globos de gajos verdes, blancos y colorados que se llenan de humo para soltarlos en la plaza el 16 de septiembre.

—¿Es cierto que cuando tenías tu tienda de antigüedades en Guadalajara, cada que vendías algo empezaste a envolverlo en papel de china de colores y un día se te ocurrió pintarlo?

—Es cierto. Así empecé... Antes yo quería ser como todos, me compraba telas de lino, pinceles de marta y de gaduña y tubos de Windsor, complicados caballetes de encino y pulidas paletas de avellano. Hacía *pintura*, pero ya te dije, un día comprendí que mis materiales podía comprarlos con veinte centavos en la tienda de la esquina, allí donde los niños que salen de la escuela van a comprar charamuscas y saltapericos.

Chucho Reyes mastica todas sus palabras y sus ojos le brillan como queriendo hipnotizarme. A mí se me hace que cuando sale a la calle los niños se esconden gritando: "Allí viene la bruja". Chucho Reyes sabe a Guadalajara, esa Guadalajara que tan bien describe Juan Soriano. "Cuando salía de la casa de Chucho, rondaba por las calles de Guadalajara que en aquel tiempo olían todas a estiércol de caballo y a zapatos nuevos. Llena de fúnebres calandrias, Guadalajara siempre me dio la impresión de ser una gran fábrica de zapatos". También contó Soriano: "Mi primer maestro fue Reyes Ferreira y su casa siempre me pareció la del brujo. Un mundo mágico de esferas de cristal, manitas de marfil y de patitas de santo. Allí me encontré con reproducciones de Giotto, Piero de la Francesca y Fra Diamante. Supe que había Francia e Italia. Chucho era un joven anticuario que me dio mis primeras lecciones de belleza. Con él, nació el entusiasmo que siento por el arte popular mexicano. Chucho Reyes siempre ha tenido el don de hallar relaciones imprevistas entre los más diversos objetos. Coge una cosa de aquí y otra de allá, se saca algo de la cabeza y compone una obra de arte. Siempre me hacía ver las cosas reflejadas en las esferas de colores. Y yo, nunca me he salido del mundo de las esferas".

Chucho Reyes Ferreira, el mago que un día me pintó Juan Soriano vive alejado y silencioso en una casa de la colonia Juárez, en la calle de Milán para más señas, llena de objetos decaídos y extraños entregado a sus juegos de magia multicolores, manchando todos los días veintenas de papeles amarillos, lilas, rosas y verdes con esas anilinas que golpean los ojos con estridencias de color y que se clavan para siempre como un par de banderillas en la retina: caballitos, calaveras, rosas redondas y giratorias, gallos pitagóricos, cristos azules de sufrimiento, esqueletos sentados y de pie, pincelados que juegan a matarili-rililón.

Cuando llegamos a su casa el fotógrafo señor Olivares y yo, Reyes Ferreira estaba dando los últimos toques a su opus quinientos mil. Tuve que pescar sus palabras a medida que iban saliendo de su boca; las decía entre labios, —creo que le faltan muchos dientes— a murmullos, ¿o serán murmuraciones?, las dejaba caer rumiándolas, ensalivándolas y si no las recojo y las pulo, hubieran desbalagado por todas partes. ¡Qué peligro para los visitantes, las palabras allí tiradas en el suelo, a punto de causar el resbalón y el descalabro y dar el traste con la posible venta!

—¿Cuántos papeles has pintado en tu vida?

—Mira, Elena, no me hagas preguntas necias, porque hace mucho que perdí la cuenta. Un coleccionista americano tiene diez mil variantes mías de Cristo crucificado. (Sonríe) bueno, no tantas, pero casi. Por lo que respecta a caballos, gatos, palomas, perros, niñas, gallos, ángeles y otras cosas por el estilo sólo te diré que si los pegaras uno con otro con engrudo, podrías envolver la tierra en mis papeles como un paquete para regalo.

—¿De veras?

—Criatura, no seas tontina ¿cómo crees? Yo embadurno muchos papeles, pero no tanto... Pásame ese polvo de oro... También hago altares y corto flores. ¿A ti te gusta cortar flores?

Mientras habla no interrumpe su trabajo. Sobre el frágil y nervioso papel de china, Chucho traza líneas vibrantes de colorido. Veintisiete segundos más tarde, cuando termina, moja su pulgar llevándoselo a la boca para tomar una nueva hoja de papel de china y hacer otra pintura.

—Dice mi mamá que es muy mala educación eso que estás haciendo.

—¿Qué?

—Ensalivarte el pulgar y el índice para darle vuelta a la hoja. Dice que eso no se hace *nunca*.

—¿También dice Paulette que es mala educación pintar?

—No.

—Ah, entonces, que no fastidie.

—¿Por qué haces cristos tan torturados, Chucho?

—¿Tú crees que puede ser de otra manera? ¿Crees que lo tenemos tan contento como para que nos sonría?

—Así de chuecos, tus cristos se parecen a Rouault.

—¡Ah se me olvidaba que tú te sientes culta! ¿Con qué a Rouault?

—Tienes cristos torturados en todas las esquinas de tu casa...

—Pero también caballitos que saltan y gallos de pelea ¿y no ves allá los payasos?

—¿Los que más se venden son tus cristos?

—Todo se vende, todo.

—¿Y las muñecas de pelo chino?

—También, también, no me doy abasto... Ten cuidado, no camines por allí, puedes tropezarte con el tibor y ese tibor es chino.

—¿Por qué tienes todo tirado? ¿Por qué no compras un librero para tus libros?

—Así me gusta.

(Chucho extrae un paliacate de su bolsa del pantalón y se suena ruidosamente).

—Ah, ya me di cuenta, Chucho, tú has puesto de moda el paliacate en vez de pañuelo.

Gruñe.

—Chucho, (insisto) es que todo está desparramado por ningún lado. Esto parece la cueva del brujo. ¿Quieres que te venga a ayudar a escombrar? Mira voy a quitar esa esfera de la silla, se puede caer...

—No toques, criatura, no toques; saliste peor que tu madre.

—¿Sigues enojado con ella?

—Sí, es una inconsciente y tú le sigues los pasos.

Chucho Reyes está enojado con mi mamá porque le pintó un biombo de tres paneles maravillosos por los dos lados, y en una ocasión alguien rompió una esquinita de la tela y mamá ni corta ni perezosa se lo llevó a Chucho. A él le dio mucho coraje y le dijo que regresara la semana entrante. Cuando llegó por él Chucho le dijo:

—Allí está.

—¿Dónde?

El espléndido biombo relucía completamente blanco. Chucho furioso lo había blanqueado con brocha gorda. Intervinieron Luis Barragán, Tomás Gurza, Guisa Lacy, Teodoro Kunhardt, nunca, jamás de los jamases quiso Chucho volver a pintarle el biombo a mamá. Además, le dejó a lo blanco la misma rajadura. No volvió a ir a comer o a cenar a la casa de Guadiana número 3 donde mamá, Kitzia y yo le hacíamos muchas fiestas.

—¿Tú no crees que aquí hay fantasmas?

—El único soy yo (sonríe desdentado).

—Y ratas, ¿no crees que haya ratas con tanto tiradero?

—No.

Pirámides de libros de pintura, de reproducciones, de polvo, de telarañas, focos movedizos y en el suelo, también cubierto de polvo, unos platos blancos con cremas densas, apetitosas cremas de pastelería: colores espesos, dulces, empalagosos, y en otros platos también blancos, colores puros y radiantes. Quizá lo más fascinante de Reyes Ferreira sean sus colores, esos colores en platos soperos de porcelana blanca llenos de pinceles y paletas que estallan en sus papeles de china con una algarabía de fiesta popular. Aquí todos los días son de posada, de colación, de aguas frescas, de cacahuates garapiñados. Pintar es para él como hacer piñatas. La casa huele a tlapalería, a engrudo recién cocido a fuego lento, a papalotes de carrizo, a barcos y a palomitas de papel.

Chucho Reyes siempre me ha dado miedo, es como un prestidigitador, hace suertes, y de pequeña, cuando él salía a la calle a caminar en compañía de Luis Barragán y de la Guisa Lacy, creía yo que iba a pegarle a la gente con su bastón.

—¿Por qué no te quitas la gorra cuando estás dentro de tu casa?

—Porque no.

—¿Tienes frío, Chucho? Yo tengo calor.

—Mejor apúrate porque voy a ir a comer con Barragán.

—¿Con quién estudiaste pintura?

—Mis maestros andan por todas las calles de México pregonando su mercancía. Son los vendedores de globos, de gallardetes y banderitas, de pirulís y de varitas de manzanas y tejocotes bañados de caramelo. Yo creo en el arte del pueblo y no me gusta complicarme la vida ni el espíritu con teorías estéticas extrañas. El arte que practico puede ser tan frágil como los materiales que empleo, pero yo lo amo así, pasajero e instantáneo como una pompa de jabón.

—Bueno, Chucho, pero sabes que tú le gustas a Picasso, a Chagall, a los grandes del mundo.

—Mira, yo lo que hago lo dejo afuera, allá en el piso aviento mis papeles, a la intemperie, al sol, a la lluvia, al polvo y si a mis amigos les gusta uno o dos o quince papeles, se los regalo medio arrugados, medio planchados, medio limpios, medio tiznados. Les doy los papeles con la marca del tiempo, son papeles chillones que no valen, sirven para divertir, para festejar, como el papel picado violeta y rosa y blanco que cuelgan en las fiestas pueblerinas o las tiritas de papel de china en las iglesias.

—El papel de china será muy barato, pero tus pinturas si son buenas, han de ser importadas, te apuesto a que vienen de Alemania, de Holanda...

—Son de la tlapalería, son pigmentos, tierritas que mezclo con agua.

—Entonces, ¿cómo pegan?

—Pues con goma laca, son colores de los que usan los niños en la escuela.

—Los niños no usan polvo de oro.

—Ese también resulta barato.

—¿Es cierto que Helena Rubinstein tiene kilos y kilos de papeles de china tuyos?

—Es verdad. Mis papeles son tan ligeros que se los llevan los gringos enrollados. Primero se los desenrollo y luego se los enrollo. La mía es la pintura que más fácilmente viaja.

(Chucho pinta cuatro límpidas y diestras líneas de su mano ya cubierta de manchas cafés llamadas "de la edad". De esas manos venosas, inteligentes surge un caballo amarillo huevo. Hace un rato hizo uno azul añil y falta el verde esmeralda).

—¿Ya terminaste Chucho?

—Sí. ¿Y tú ya terminaste de preguntar?

—No. Me decías que tus maestros son los neveros, los merengueros...

—No, te decía yo que son los artesanos populares, los hombres que cultivan las formas elementales del genio popular mexicano... A ver, dame ese papel de china amarillo, te voy a hacer un gallito.

(Chucho pinta un gallo primoroso de plumas curvas y risadas como soles de hojalata).

—¿Y por qué no pintas en hojalata?

—Porque no hago retablos, esto no es para la iglesia... En vez de darte este gallo mejor habría de regalarte un pirulí...

—O unas banderillas para una corrida de toros...

—Llevo un mes pintando payasos...

—Entonces ¿lo tuyo es artesanía popular?

—Sí, es artesanía festiva para la fiesta del pueblo.

—¿Y quiénes son los artesanos que más admiras?

—Los de Metepec, me identifico con sus árboles de la vida. También con los alfareros que hacen brotar animales de su barro, le dan forma de animalitos... Y los coheteros, ya te lo dije, los hacedores de piñatas, los tejedores de palma...

—Durante un mes pintas gallos, luego cristos, luego flores, luego ángeles y así...

—Sí, los pinto hasta que me aburro y cambio de tema. Y ahora ya me voy.

—Chucho, para desaburrirte ¿tú no ibas al *Leda*, el cabaret que descubrió María Izquierdo?

—Dios me libre.

—Ay Chucho, me hablaste rete poquito...

—No, hablé mucho, hablé como tarabilla, mucho más de lo que estoy acostumbrado a hablar y ya me arrepentí.

—¿Y qué pintores te interesan?

—¡Ay, no me preguntes eso!

(Toma su bastón y salimos juntos. El llama un taxi para ir al sur y yo voy a *Novedades*. En la calle de Milán, como por encanto, me aborda un vendedor de varitas de tejocotes).

México en la Cultura, 11 de marzo de 1957.

ANTICUARIO, ALQUIMISTA Y BRUJO

Jesús Reyes Ferreira nació en Guadalajara Jalisco en 1882. Anticuario, pintor autodidacta, comenzó sus caminos del arte como chacharero. Vivía con sus hermanas por el rumbo del mercado de San Juan de Dios en Guadalajara. Todo lo compraba, todo lo recibía a consignación, todo lo olvidaba y arrumbaba. Quien entrara a su casa vieja de cuartos en hilera frente a un patio arbolado, de cocina al fondo y más al fondo corral, lo único que encontraba más o menos arreglado era a las hermanas del chacharero que cocinaban delicias fáciles basadas en el difícil secreto de heredadas recetas.

En un principio, las hermanas y los platillos eran más de verse y de ser apreciadas que los cachivaches que Chucho Reyes vendía a incipientes coleccionistas: la hélice de madera del primer avión que se estrelló en Jalisco, las sillas temerosas a medio vestir; una campana de hacienda fundida en La Colmena, 1776; máscaras de carnaval; una bicicleta con la rueda delantera más alta que Chucho y la trasera más pequeña que su cachucha.

Quien compraba una máscara se la llevaba envuelta en papel de china, con un moño cercano al crisantemo, envoltorio que las hermanas aderezaban con sus felices manos de cocineras tapatías. Pero si el cliente tenía suerte, la máscara iba en una caja de sombrero que a su vez iba envuelta en uno de esos papeles que Chucho Reyes comenzó a decorar para la mejor presentación de todo lo que se vendía en su tienda de antigüedades. Un buen día, alguien, quizá Luis Barragán quiso comprar el puro papel de envoltura.

—Tás loco Luis, ¿qué vas a envolver con esto?

—Nada. Voy a clavar ese arcángel en la pared.

Chucho presentó su primera exposición en la galería Arquitac de Guadalajara. Admirado y querido por Luis Barragán —siempre lo consideró un genio— lo unió a su aventura arquitectónica. Juan Soriano, que trabajó con él un tiempo al lado de Xavier Guerrero lo considera indiscutiblemente su maestro.

En 1937, Chucho se mudó a la ciudad de México harto del provincianismo tapatío. Tuvo algunos problemas con uniones y sindicatos de artistas locales. Chucho ponía a artesanos a pintar cuadros "antiguos", a esculpir santitos, a hacer pinturas decorativas tipo arte popular, a esculpir y a modelar barro, a confeccionar joyas de plata y piedritas de río. En esa guarida para forasteros había de todo, esferas mágicas, botellas iridiscentes, iconos rusos de Tlaquepaque, candelabros, banquitos coloniales, arte precortesiano, incunables, recetarios, loterías y devocionarios. Chucho empacó sus chácharas, dejó a sus hermanas y en la ciudad de México volvió a desplegar sus diablos, sus muertes, sus sillas artríticas y sus ojos educados en lo más mexicano de los colores. Profesional, asombraba por su orignalidad, su mexicanismo, por ese arte suyo que cuando es universal, sale de la tierra misma, como de la tierra sacaba sus arcángeles con cara de muñeca de cartón articulado a los que ponía falda rabona, chapetes de rodetito rojo y moño de lavandera endomingada. De la tierra saltaban a sus papeles las parejas de gallos peleoneros entre un torbellino de plumas; de la tierra nacían las flores a llenar sus papeles de tapicería para enjardinar la oscuridad de una sala. De la tierra también sacaba su pincel caballitos morados, rosas, azules, el escuadrón de caballería que había visto dar vuelta en los volantines pueblerinos que se instalaban en las fiestas de San Juan de Dios en su Guadalajara natal.

En México, aunque el brujo Reyes Ferreira siguió juntando cachivaches —como los llamaba— prefirió pintar sus propios papeles. Su casa en la colonia Roma tenía mucho de cueva de Aladino y de tlapalería y su figura en las calles de Milán y de Berlín resultaba fácilmente reconocible ya que al final de su vida andaba con bastón, una gran capa oscura sobre los hombros y una boina vasca que le confería mayor gallardía.

En 1961 participó en la exposición internacional de los Hartos capitaneados por Mathías Goeritz en la galería de Antonio Souza. En 1967, tuvo lugar en Bellas Artes su primera exposición individual. Ya para entonces, Chucho Reyes era ampliamente reconocido y celebrado. Llamado el Rouault mexicano por la angustia de sus Cristos, sus admiradores festejaban sus trazos rápidos hechos al óleo sobre papel de china. Desde aquel día en que se le ocurrió decorar el papel morado y rosa con dibujos, estos resultaron más vistosos y encantadores que las antigüedades que envolvían.

Chucho Reyes Ferreira, sus dedos siempre cubiertos de tela adhesiva porque cuando no se quemaba, se cortaba, expuso en Barcelona en 1972 y en 1975 por última vez en la Galería Pecanins. Sus obras se colgaron en el Foggs Museum en Boston al lado de Picasso y en la Galería del Haymarket de Londres. También fue un gran conocedor de arte y su influencia en la pintura mexicana ha sido definitiva. Más que ningún otro artista mexicano, Chucho Reyes pintó con placer, brío, sin torturarse. Lo dicen sus verdes y sus amarillos, sus rosas y violetas y sus calaveras que ostentan un listón azul cielo en el sexo, para alegrarse. Otras pinturas, las de los Cristos y los payasos parecen vitrales, sus miembros separados por gruesos trazos negros que nos hacen recordar la técnica del vitral. Jesús Reyes Ferreira, rosa y azul, caballito y gallo, a pesar de la alegría presurosa de sus figuras, tiene mucho de sacerdote sacrílego, de monje poseído, de infierno en llamas, de santo al que torturan sus propios pensamientos.

Entre sus obras destacan los cuadros: "El Angel", "El Alquimista", "Demonio", "Pasa Güero", "San Francisco Muerto", "Virgen", "Calavera", "Payaso", "Cristo Negro", "Flores", "Tigre enjaulado" y sus gallos realizados al óleo sobre papel de china. Su autenticidad, su sencillez, son ya parte de la legítima plástica mexicana, junto con María Izquierdo y Juan Soriano, Hermenegildo Bustos y Jaime Saldívar y otros y otras. Sus papeles que envolvían regalos envuelven ahora el arte en colecciones y museos.

ESTA EDICIÓN DE 4 000 EJEMPLARES SE TERMINÓ DE
IMPRIMIR EL 27 DE FEBRERO DE 1995 EN LOS TALLERES
LITHO PRENSA, S.A. DE C.V.
PUERTO ARTURO No. 113, COL. AQUILES SERDÁN
15430, MÉXICO, D.F.